Schwäbische Leibspeisen

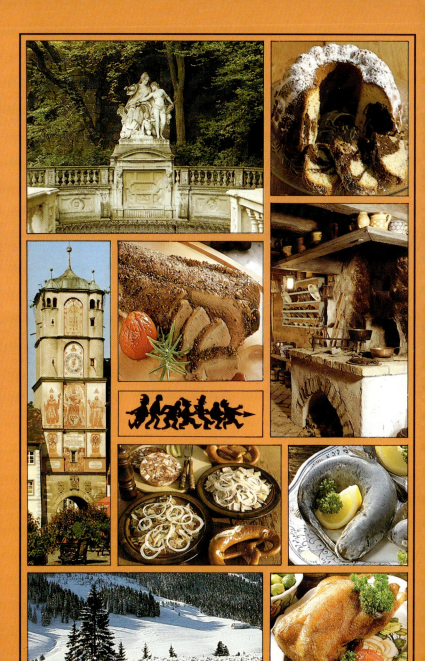

Ursula Krug

Schwäbische Leibspeisen

THEISS

Bibliografische Information der Deutschen Nationalbibliothek
Die Deutsche Nationalbibliothek verzeichnet diese Publikation in der Deutschen Nationalbibliografie; detaillierte bibliografische Daten sind im Internet über http://dnb.d-nb.de abrufbar.

Bildnachweis

Bauernhofmuseum Illerbeuren
Seiten 50/51, 124
C. P. Fischer, München
Seite 89
Hengstenberg, Esslingen
Seite 47 (2)
Foto-Huber, Garmisch-Partenkirchen
Seite 10
Kommunikation & Marketing, Bonn
Seite 58
Werner H. Müller, Stuttgart
Seite 13
Foto Neuhäusler, Wangen
Seite 6
Studio Teubner, Füssen
Seiten 57, 65, 69, 74, 88
alle anderen Fotos: Autorin

Titelfoto: Kurt Sattelberger, Füssen

Zeichnungen: Peter Hoffmann

Umschlaggestaltung: Wolfgang Böse-Lucas, Bietigheim unter Verwendung einer Aufnahme von Kurt Sattelberger, Füssen

5. Auflage 2007
© Konrad Theiss Verlag GmbH, Stuttgart 1997
Alle Rechte vorbehalten
Printed in Germany
ISBN 978-3-8062-2180-0

Besuchen Sie uns im Internet:
www.theiss.de

Zu den Rezepten
Die Rezepte sind, wenn nicht anders angegeben, für 4 Personen berechnet.

Abkürzungen

TL	Teelöffel
EL	Eßlöffel
g	Gramm
kg	Kilogramm
l	Liter
Ø	Durchmesser

Die in diesem Buch gesammelten Rezepte sind in ganz Schwaben mehr oder weniger bekannt und werden auch heute noch gekocht. Oft sind die Bezeichnungen aber regional unterschiedlich, und auch bei der Zubereitung gibt es manchmal kleinere Abwandlungen. Diese sind im Rezept jedoch angegeben. Ebenso finden Sie bei den wenigen auch heute noch gebietstypischen Speisen einen Hinweis.

Zu diesem Buch

Essa ond Trinka
hält Leib ond Seel
zamma!

Dieses Sprichwort kann mit gutem Gewissen als Leitmotiv für ein schwäbisches Kochbuch gelten, zeigt es doch viel von der Einstellung der Schwaben zu ihrer Küche. Obgleich sie auch fremdländischen Spezialitäten gegenüber nicht ganz abgeneigt sind, lieben sie doch ihre schwäbische Küche sehr, so daß auch in der heutigen Zeit – immer noch oder wieder – sehr gerne schwäbisch gekocht und gegessen wird. Davon zeugen auch die vielen gemütlichen Gasthäuser, die ebenfalls wieder verstärkt bodenständige Kost anbieten und in denen jeder etwas nach seinem Geschmack findet, sei es ein Mittagessen oder ein herzhaftes Vesper nach einer ausgedehnten Wanderung in der herrlichen Landschaft.

Es gibt sehr viele alte Rezepte, die im ganzen Schwabenland bekannt und beliebt sind und nach denen auch heute noch fast unverändert gekocht wird – alte, überlieferte Rezepte, die in der Regel von Generation zu Generation innerhalb der Familie weitergegeben werden. Jeder hat sein »eigenes Rezeptle«, und deshalb schmeckt es auch nirgends genau gleich. In diesem Buch finden Sie solche Rezepte aus der Praxis für die Praxis. Es wurde keine Vollständigkeit angestrebt, weder im Rezeptteil noch in dem kurzen Streifzug durch die Geschichte des Schwabenlandes. Die Rezepte wurden bewußt einfach und leicht verständlich geschrieben und sind jeweils für 4 Personen berechnet. Sollte Ihnen die eine oder andere Speise nicht auf Anhieb gelingen, ärgern Sie sich nicht zu sehr, denn auch hier heißt es: Übung macht den Meister! Das gilt gerade beim Spätzleschaben, Nudelteigmachen oder Brötlebacken. Dieses Buch soll vor allem jüngeren Hausfrauen helfen, die die typisch schwäbischen Speisen zwar kennen, doch nicht mehr so genau wissen, wie sie zubereitet werden – aber auch allen Freunden der schwäbischen Küche, Urlaubern und jenen, die hier eine neue Heimat gefunden haben. »Rei'gschmeckte« sagt der Schwabe, was aber nicht immer abfällig gemeint ist.

Mein Dank gilt Verwandten und Bekannten, die mir mit ihren Ratschlägen, Anregungen und Rezepten bei der Zusammenstellung dieses Buches geholfen haben.

Nun wünsche ich Ihnen viel Spaß und gutes Gelingen beim Ausprobieren der Rezepte und guten Appetit!

Ursula Krug

Foto Seite 6: Das Frauentor in Wangen

Inhalt

Fremde sind oft der Meinung, Schwaben sei identisch mit Württemberg. Schwäbisch sind aber nur die Gebiete zwischen Schwarzwald – Bodensee – Allgäuer Alpen – Lech – Schwäbischer Alb – Enz, wobei Teile des Allgäus, der Schwäbischen Alb und das Gebiet zwischen Iller und Lech sogar zu Bayern gehören. Je nach Landschaft haben die Bewohner ihre Bezeichnung als Allgäuer Schwaben, Oberschwaben, Augsburger Schwaben, Albschwaben und Neckarschwaben. Charaktereigenschaften und Lebenseinstellung dieser Menschen sind sehr stark von Landschaft und Religion geprägt. Während Älbler und Allgäuer eher wortkarg, verschlossen und lieber unter sich sind, findet man bei den Oberschwaben und den Bewohnern der Weinbaugebiete entlang des Neckars lebhafte und impulsive Menschen, die durch engeres Zusammensein umgänglicher geworden sind. Auch ist die Bevölkerung in den südlich der Donau liegenden und überwiegend katholischen Landesteilen eine lebensbejahendere und sinnenfrohere als in den nördlichen evangelischen Landesteilen. Ihre Bewohner sind heute oft noch tief verwurzelt mit dem strengen Pietismus früherer Jahre, der sich dort nach der Reformation entwickelt hatte. Sicher hat auch die allgemeine Mobilität und der Zuzug vieler Nichtschwaben für frische Luft im Ländle gesorgt. Dennoch gibt es viele Vorurteile gegenüber den Schwaben: stur, eigensinnig, grob, unliebenswürdig, geizig, verschlagen und dumm. Den Schwaben ärgern solche Vorurteile zwar, aber zugeben würde er das nie! Er denkt sich »sei Sach« dabei, denn schließlich ist das alles Ansichtssache! Und dumm ist es ja nun wirklich nicht, dieses Volk der Dichter, Denker und Tüftler. Thaddäus Troll hat die Schwaben einmal ganz charmant mit den Maultaschen verglichen:»Hehlenga guat (heimlich gut), in einem unliebenswürdigen Gewand verbirgt sich ein delikater Kern.«

In einem Punkt ist der Schwabe allerdings mit sich selbst uneinig: in seiner Sprache. Nur wenige Schwaben haben dieses Maß an Selbstbewußtsein, um voll und ganz zu ihrer Sprache zu stehen. Vielleicht sollte man als Schwabe den nachstehenden Rat von Wilhelm Wörle doch viel mehr beherzigen:

Schwätz wia Diar d'r Schnabl g'waxa,
Schwätz, wia 's Di Dei Muatt'r g'leahrt;
alles Ziara, d'Röd v'rsötza,
hat, wenn's gilt, ja doch koin Weart.

Wi't reschpektvoll hoachdeutsch
schwätza
ond es klopft Diar 's Herz d'rbei,
greif zur Muatt'rschprauch, so'scht
wed Diar
's Gold scho auf d'r Zung zu Blei.

G'schpürscht beim Hoachdeutsch
Autamnöta,
wenn ma U'rechts gögs Di üabt;
schwätz hald wia beim Schtompascheita,
nau wescht seah, wie g'schwind dös
kliabt.

Muascht beim Hoachdeutschröda
schwitza
wia d'r Brauta auf em Heard,
nau schtand lieb'r z'ruck em Hand'l,
denn soviel ischt d'Sach it weart.

Vom frühen 3. bis ins 7. Jahrhundert dauerte der Kampf um Landgewinnung, den unsere Vorfahren, die Alamannen, gegen die damals hier herrschenden Römer führten. Bis weit in die Schweiz, ins Elsaß und nach Bayern drangen sie vor. Hier, im jetzigen Schwaben, machten sich die Sueben seßhaft. Dieser alemannische Stamm kam aus dem Gebiet der unteren Elbe, dem heutigen Holstein. Auf alten römischen Landkarten wird die Ostsee auch als »mare suebicum«, Schwäbisches Meer, bezeichnet, was für uns Schwaben heute der Bodensee ist.

In den fruchtbaren Ebenen, wo die Römer bestellbares Acker- und Weideland zurückgelassen hatten, ließen sich diese Sueben nieder. Schon damals wurde dort neben Hafer der Dinkel als Hauptfrucht angebaut. Kleine Gehöfte wuchsen nach und nach zu Dörfern und Siedlungen zusammen, in denen der größte Teil der Bevölkerung Bauern waren, aber auch Handwerker wie Drechsler, Töpfer und Gürtler. Diese hatten neben ihrem Handwerk immer eine kleine Landwirtschaft, die das Nötigste an Nahrungsmitteln brachte. So blieb es meist bis in unser Jahrhundert hinein. Die Dorfbewohner unterstanden als Unfreie einer überdurchschnittlich wohlhabenden, in späteren Zeiten adeligen Familie. Diese Familien trieben auch den Landausbau voran, der aufgrund des Bevölkerungswachstums nötig war. Dabei wurden Wälder gerodet, um neues Ackerland zu gewinnen, das wiederum in den Besitz dieser Familien überging.

Die landwirtschaftliche Nutzung der gerodeten Flächen war je nach Landschaft unterschiedlich. Während im Allgäu wegen der ungünstigen Bodenbeschaffenheit der Ackerbau gering war, dafür Weidewirtschaft und später noch Viehzucht betrieben wurden, war in Oberschwaben und in dem Gebiet bis zum Lech der Ackerbau vorrangig, ebenso im Neckarraum. Auf den Hochflächen der Schwäbischen Alb wurden Ackerbau und Weidewirtschaft betrieben, und in den waldreichen Randgebieten kam noch die Schweinezucht dazu. Dies geschah aus natürlichen Gründen, da die Schweine zur Weide in die großen Eichen- und Buchenwälder getrieben werden konnten.

Der Einfluß der Klöster

Nach der Christianisierung des Reiches verschenkten die inzwischen adeligen Familien Teile ihres Landbesitzes an kirchliche Institutionen, vorab an das Kloster St. Gallen. Damit begann im 8./9. Jahrhundert die Zeit der zahlreichen Klostergründungen.

Aus dem berühmten St. Gallener Klosterplan können wir ersehen, welche Nahrungsmittel damals schon angebaut und gepflanzt wurden, allerdings nur in den Klöstern und bei den wohlhabenden Adelsfamilien. Hier finden sich bereits Gewürze in großer Auswahl, ebenso Obstbäume, unter anderem so ausgefallene für unsere Landschaft wie der Feigen- und der Pfirsichbaum. An Gemüse gab es Zwiebeln, Lauch, Rettich, Kohl, gelbe Rüben, Pastinaken und Sellerie.

Die Speisen für die einfache Bevölkerung – der Großteil der Menschen von damals, die mehr schlecht als recht lebten – sahen allerdings anders aus. Bei ihnen überwogen die Mehl- und Mußspeisen aus Dinkel und Hafer. Gemüse gab es noch sehr wenig, und das Fleisch aus der Viehzucht mußte zum größten Teil abgegeben oder für Getreide eingetauscht werden. Hauptgetränk war ein aus Hafer gebrautes Bier, das etwas später durch das von Mönchen erfundene Hopfenbier abgelöst wurde.

In den nächsten Jahrhunderten entwickelte sich das kulturelle, wirtschaftliche und geistige Leben unter dem Einfluß der Klöster sehr stark. Im Allgäu wurde die Weidewirtschaft verstärkt und die erste einfache Käseherstellung begann. Der Anbau von Gemüse verbreitete sich, hauptsächlich Kraut, Bohnen und Erbsen, und auf den Äckern baute man jetzt auch Gerste und Roggen an.

Neu war auch der Anbau von Wein; vor allem in den Städten entlang des Neckars, aber auch am Bodensee und an den Donauhängen. Dieser Wein war jedoch sehr sauer, so daß er mit Honig gesüßt und meist noch mit Beerensäften vermischt wurde.

Der Gewässerreichtum des Landes reichte für den Fischkonsum nicht aus. Geistlichkeit und Adel ließen neue, große Fischweiher anlegen, aus denen sich auch das Volk bedienen konnte.

Der Augsburger Stadtgraben

Nach der Reformation

Nach dem Aufschwung des Mittelalters, den Wirren der Reformation und des Bauernkrieges kehrte eine gewisse Beruhigung ein. Fast konnte man von einem friedlichen und wohlhabenden Land sprechen. Auch der Speisezettel war reichhaltiger geworden. Aus den angebauten Getreidearten kochte man Brei, Grütze, Mus und Mehlsuppen. Hier und da tauchten auch schon Knöpfla und Spätzla auf. Gegessen wurde fünfmal am Tag: Frühstück, Vesper, Mittag, Vesper und Nachtessen. Knechte und die zur Erntezeit gedungenen Taglöhner hatten Anrecht auf herzhafte Kost. Diese bestand in der uns heute bekannten Dinnete oder Zelten: unter der Asche gebackene Teigfladen, mit Speck, Knoblauch und Gemüse belegt.

Für den Winter wurden Äpfel, Birnen und Zwetschgen getrocknet. Daraus kochte man an Sonn- und Feiertagen eine Schnitzbrühe zum Trinken. Das gekochte Obst war Beilage zu Mus und Grütze. Im Herbst wurde ein Schwein oder ein Rind geschlachtet, dessen Fleisch für das ganze Jahr ausreichen mußte. Der größte Teil davon wurde in den Rauch gehängt oder eingesalzen. Im Allgäu gehörte die Milch zu den Hauptnahrungsmitteln, woraus sich die dafür typischen Gerichte ergaben. Dagegen war in den Ackerbaugebieten kaum Milch für die Kinder da.

In herrschaftlichen Häusern und zum Teil auch schon bei wohlhabenden Städtern gab es fast täglich Fisch, Rinds- oder Kalbsbraten, Geflügel oder Wild, ebenso Gemüse und Obst. Auch Brot kannte man hier schon, es wurde aber noch recht wenig gegessen. Doch dann kam der Dreißigjährige Krieg mit all seinen Folgen wie Hungersnöten und Krankheiten. In vielen Landstrichen verringerte sich die Bevölkerung um mehr als die Hälfte. Wiesen, Ackerland, Weinberge und Gärten waren verwüstet. Bis fast ins 18. Jahrhundert dauerte es, ehe sich das Land und die Bevölkerung wieder erholt hatten.

Die oberste Gesellschaftsschicht orientierte sich in ihren Essensgewohnheiten nun mehr und mehr am französischen Hofe. Doch lassen wir den Prediger Abraham a Sancta Clara, ebenfalls ein Schwabe, zu Wort kommen. Er verurteilte diese ausschweifenden Genüsse sehr scharf:

Ist es etwa rühmlicher, den Bauch zur Gottheit zu erheben? Bald opfern wir ihm gesottene Speisen, bald ungesottene, bald kalte, bald warme Speisen, bald geräucherte, bald geröstete, bald gebackene Speisen, bald süße, bald saure Speisen, bald gesalzene, bald gesulzte Speisen, im Kessel, am Bratspieß, am Rost zubereitet, wie die heutige Mode es erfordert. Auf einfache Gerichte, mit denen sich unsere Vorfahren begnügten, sieht man verächtlich herab. Jetzt muß jede Schüssel, die auf den Tisch kommt, Zutaten enthalten, die vom anderen Ende der Welt stammen: Pfeffer von Java, Zimt von Bengalen, Zucker von Brasilien, Gewürznelken von den Molukken, Rosinen von Ormusio und Muskat von Gott weiß woher.

Kartoffeln, Obst und Milchwirtschaft

Für die einfache Bevölkerung bestand die Üppigkeit dagegen nur aus Spätzla, Knöpfla und Müesla. Doch versuchte man sich auch mit Neuem, wenn auch unter Zwang. Denn erst in dem großen Hungerjahr 1772 aßen die Schwaben selbst die Kartoffeln, die sie zuvor – trotz des 1742 vom Preußenkönig Friedrich dem Großen erlassenen Kartoffelverdikts – meist an die Schweine verfüttert hatten. Mit ihrer Phantasie und Tüftelei kamen sie bald auf die großartige Idee, Kartoffeln und Mehl zu verbinden. Und was dabei herauskam? Köstlichkeiten wie Schupfnudeln, Kartoffelsalat mit Spätzla, Gaisburger Marsch, Saure Kartoffeln u. a.

Der Obstanbau in dafür günstigen Lagen wurde verstärkt. Im Allgäu wechselte man fast gänzlich zur Milchwirtschaft über und bot die daraus gewonnenen Produkte auf den Märkten der Umgebung zum Kauf an. Die Bauern selbst aßen bis in unser Jahrhundert hinein keine Butter, sondern brachten sie, in Krautblätter eingewickelt, zum Verkauf auf den Markt. Auf den rauhen und kargen Höhen der Schwäbischen Alb begann man jetzt auch mit der Schafzucht. Und südlich von Stuttgart, auf den fruchtbaren Lößböden der Fildern, breitete sich in großem Ausmaß der Anbau von Kraut aus.

Blühende Kirschbäume

Die täglichen Speisen

Das Brot gehörte jetzt zu den täglichen Nahrungsmitteln, meistens nur zum Vesper. Zum Frühstück gab es weiterhin Mus – aus Hafer und Dinkel. Bei der Landbevölkerung trank man nun Most, aus Äpfeln und Birnen bereitet, für lange Zeiten das Lieblingsgetränk der Schwaben.

Waren die täglichen Speisen auch recht einfach, so gab es an Festtagen, ob kirchlichen oder brauchtümlichen Ursprungs, doch einige Köstlichkeiten, meist süße Gebäcke, die sich bis in unsere Tage erhalten haben, wie Birnen- und Zopfbrot, den Klosama, einen aus süßem Hefeteig gebackenen Nikolaus, den die Kinder immer von der Taufpatin bekamen, und Weihnachtsbrötla, hier vor allem Springerla. Zur Fasnacht gab es überall schmalzgebackene Küechla.

Auch die Maultaschen haben, wenn man dieser Geschichte glauben darf, religiösen Ursprung. Die »Erfinder«, so wird erzählt, hätten am fleischlosen Freitag und während der Fastenzeit – wohl auf ein gutes Gewissen und gleichzeitig auf uneingeschränkten Genuß bedacht – das Christenmenschen an solchen Tagen verbotene Fleisch einfach in der Teighülle versteckt und so vor den Augen des Herrgotts verborgen, ihn also hinters Licht geführt (bschissa). Darum haben Maultauschen auch den Beinamen Herrgottsbscheißerla.

Mit einigen Verfeinerungen blieben dies die Eßgewohnheiten bis nach dem Zweiten Weltkrieg.

Später führten neue Ernährungsgewohnheiten zur Abwendung von der kalorienreichen schwäbischen Küche. Sie wurde verfremdet und von vielen als nicht mehr zeitgemäß angesehen. Doch in den letzten Jahren erlebten die regionalen Küchen einen riesigen Aufschwung. Alte Rezepte wurden wieder beliebt, man besann sich aufs Althergebrachte. Vielleicht stimmt die alte Volksweisheit doch: Die beste Küche ist die Volksküche, denn sie versucht, aus einfachen und preiswerten Zutaten das Beste zu kochen.

Jedes Gebiet hat seine typischen Speisen

Die regionalen Unterschiede der Speisen sind heute nicht mehr so gravierend wie in früheren Zeiten, als sich die Hausfrau an den vorhandenen Nahrungsmitteln orientieren mußte, wie zum Beispiel im Allgäu überwiegend an Milch, Mehl, Schmalz, Wasser und Eiern, woraus dann die Kässpätzla hervorgingen. Im Neckarraum und an der Donau wurde dagegen schon etwas mehr mit Fleisch gekocht. Aus diesen Gebieten kommen Gaisburger Marsch und Maultaschen.

Die Donauquelle im Fürstenbergpark von Donaueschingen

Foto Seite 16/17:
Allgäuer Skigebiet

Brät Ganz mageres Fleisch (Rind-, Kalb- oder Schweinefleisch), das unter Zusatz von Eisstücken, Salz und Bindemitteln so lange in der Maschine gehackt und gerührt wird, bis es die richtige Konsistenz hat.

Brestling Erdbeeren.

Briesle Thymusdrüse vom Kalb, auch Kalbsmilch genannt; sehr zartes Gericht.

Brockete Weißbrot- oder Hefegebäckstücke, in warme Milch eingelegt.

Brötla, Guetsla, Loibla Weihnachtsgebäck.

Buabaspitzla Aus Kartoffelteig geformte Würstchen, in Fett gebacken.

Flädla Ganz dünn gebackene Eierkuchen.

Gsälz Marmelade/Konfitüre, jedoch dünnflüssiger und vor allem selbst gemacht.

Hutzelbrot Birnenbrot, reichhaltiges Früchtebrot.

Knöpfla Knödel, große und kleine, z. B. Hefeknöpfle und Knöpflespätzla.

Kratzede (auch Eierhaber oder Duranand) Mit der Backschaufel zerstükkelter Eierkuchen.

Kuttla Fleischiger Teil des Kuhmagens, auch Kaldaunen genannt.

Laugenbrezeln (auch Hörnle und Wecken) Herzhaftes Hefegebäck, mit Lauge bestrichen. Kirchlicher Ursprung: Die Brezel entwickelte sich aus einem Ring mit Kreuz. Brezeln wurden früher von Klosterinsassen bei kirchlichen Festen an die Bevölkerung verteilt.

Muesla Mus, herzhaft oder süß.

Musmehl Grobgemahlener Weizen – früher Dinkel –, bei dem die Getreidehülsen nur teilweise entfernt wurden.

Mutschelmehl Ist feiner als Semmelbrösel. Weißbrot aus Weizenmehl wird gerieben und Salz und Hefe unter die Brösel gemischt.

Nackede Mariela Aus Kartoffelteig geformte Würstchen, in Butter gedünstet.

Pfannakuecha Eierkuchen.

Rahm Sahne.

Riebele Kleine Teigkügelchen. Fester Nudelteig wird auf der Küchenreibe gerieben.

Schlottermilch Abgestandene Milch, Dickmilch.

Seela Seelen gibt es hauptsächlich in Oberschwaben. Salziger Hefeteig wird zu Stangen ausgeformt. Auch Seelen sind wie Brezeln kirchlichen Ursprungs.

Sulzenpulver Spezielles Gelierpulver zur Herstellung von Sülze. Aus Speisegelatine, Salz und Gewürzen.

Treibla Johannisbeeren.

Wecken Semmeln, Brötchen.

Weckmehl Semmelbrösel.

Suppa –
ond wa ma nei dua ka

Wer viel Supp ißt, leabt lang.

Ob dieses schwäbische Sprichwort zutrifft, läßt sich nicht so einfach nachweisen. Bewiesen ist aber, daß die Schwaben sehr gerne Suppe essen. Davon zeugen schon die vielen Suppenrezepte, die einfallsreiche Köchinnen, meist als Folge der schlechten wirtschaftlichen Verhältnisse, früher erfunden haben. Denn Suppe wärmt und füllt den Magen. Und wo viele Kinder waren, hatte die Hausfrau oft ihre liebe Mühe, alle Mäuler satt zu bekommen. Da gab es dann nur eine kräftige Suppe und hinterher vielleicht noch eine Süßspeise.

Das Argument, daß Suppe dick mache, zieht in Schwaben nicht, denn der Schwabe selbst sieht das anders: Durch eine warme Suppe am Anfang des Essens wird der erste Hunger gestillt. Es tritt eine gewisse Sättigung ein, die das Zuvielessen eher wehrt als fördert, so daß Suppenesser im allgemeinen früher satt sind.

Allerdings, nur eine leere Bouillon, wie sie in manchen Restaurants angeboten wird, paßt dem Schwaben auch nicht. Es muß schon etwas drin sein. Viele dieser Suppeneinlagen können fertig gekauft oder auf Vorrat zubereitet und eingefroren werden, so daß sie bei Bedarf jederzeit griffbereit sind.

Helle Grießsupp

*1 l Fleischbrühe, 60 g Grieß, Pfeffer,
geriebene Muskatnuß, Petersilie.*

Die Fleischbrühe zum Kochen bringen. Den Grieß unter ständigem Rühren einstreuen. Etwa 15 Minuten kochen lassen. Mit Pfeffer und Muskatnuß abschmecken und gehackte Petersilie darüberstreuen.

Hinweis
Wird die Suppe dicker gewünscht, läßt man sie länger kochen. Nach Geschmack kann noch ein verquirltes Ei daruntergezogen werden.

G'röschtete Grießsupp

*40 g Margarine, 60 g Grieß,
½ EL Mehl, 1 l Fleischbrühe,
Petersilie oder Schnittlauch.*

Die Margarine erhitzen, Grieß und Mehl darin gut hellbraun anrösten, dabei ständig mit einem Holzkochlöffel rühren, damit nichts anbrennt. Mit der Fleischbrühe ablöschen und etwa 15 Minuten kochen lassen. Mit gehackter Petersilie oder Schnittlauchröllchen bestreuen und servieren.

Hinweise
Nach Geschmack kann noch ein verquirltes Ei daruntergezogen werden. Die Margarine kann auch weggelassen und Grieß und Mehl nur im trockenen Topf angeröstet werden. Die Suppe schmeckt dadurch etwas herzhafter.

20

Laugenbrezelsupp
Allgäu, Oberschwaben

*4 altbackene Laugenbrezeln,
1 l Wasser, klare Fleischbrühe,
geriebene Muskatnuß, 2 Eigelb,
4 EL süße Sahne, Schnittlauch.*

Die Laugenbrezeln in kleine Stücke schneiden, in einen Topf geben und mit dem kalten Wasser übergießen. Etwa 15 Minuten zugedeckt weichen lassen. Dann zum Kochen bringen und unter häufigem Rühren so lange weiterkochen, bis die Brezeln aufgelöst sind. Danach die Suppe durch ein Sieb passieren oder im Mixer pürieren. Wieder zum Kochen bringen, wenn nötig noch verdünnen. Mit klarer Brühe und Muskatnuß abschmekken. Eigelb mit der Sahne verrühren und in die Suppe einrühren. Schnittlauchröllchen darüberstreuen.

Hinweis
Sie können Eigelb und Sahne auch weglassen, die Suppe schmeckt dadurch kräftiger.

Metzinger Tomatasupp

*4 große Tomaten, 1 große Zwiebel,
100 g magerer Bauchspeck,
1 l Fleischbrühe, 40 g Grieß, Pfeffer,
Basilikum, Origano, Schnittlauch.*

Die Tomaten heiß überbrühen, enthäuten und in kleine Stücke schneiden. Feingeschnittene Zwiebel und gewürfelten Speck andünsten. Die kleingeschnittenen Tomaten dazugeben und 5 Minuten mitdünsten. Mit der Fleischbrühe ablöschen und zum Kochen bringen. Den Grieß in die kochende Suppe einrieseln und 10 Minuten köcheln lassen. Zwischendurch kräftig mit dem Schneebesen rühren, damit sich die Tomatenstücke auflösen. Nach Geschmack würzen. Schnittlauchröllchen darüberstreuen.

Ochsenschwanzsupp

1 Stück Ochsenschwanz von ca. 500 g, 1 l Wasser, 1 Bund Suppengemüse, 1 kleine Zwiebel, 2 Nelken, ½ Lorbeerblatt, 5 Pfefferkörner, 50 g magerer Bauchspeck, 50 g Mehl, 40 g Butter, ⅛ l Weißwein und ⅛ l Madeira (oder ¼ l guter Rotwein), Salz, Paprika oder Cayennepfeffer, Zitronensaft oder Essig.

Den Ochsenschwanz vom Metzger in kleinere Stücke zerteilen lassen. Waschen und mit dem geputzten Suppengemüse, der grob zerkleinerten Zwiebel, den Gewürzen und dem Speckstück im kalten Wasser aufsetzen und langsam weich kochen. Das Fleisch herausnehmen, in mundgerechte Stücke schneiden und beiseite stellen. Die Brühe durch ein Sieb gießen. Das Mehl in der zerlassenen Butter hellbraun anrösten, mit der Brühe ablöschen und 5 Minuten durchkochen lassen. Dann den Wein und Madeira zugeben und die Fleischstücke hineingeben. Nochmals erhitzen, jedoch nicht mehr aufkochen! Abschmecken und mit frischem Stangenweißbrot servieren.

Kartoffelsupp

5 große Kartoffeln, 1 große Möhre, 1 Zwiebel, 1 Bund Petersilie, 2 EL Öl, 1 EL Mehl, 1¼ l Fleischbrühe, Pfeffer, geriebene Muskatnuß, Petersilie.

Kartoffeln und die Möhre schälen und in kleine Würfel schneiden. Zwiebel und Petersilie fein hacken. Alles zusammen in dem Öl andünsten. Mehl darüberstäuben, kurz weiterdünsten, dann mit der Fleischbrühe ablöschen. Zugedeckt etwa 30–35 Minuten kochen lassen. Danach die Suppe durch ein Sieb passieren oder im Mixer pürieren. Wieder zum Kochen bringen, wenn nötig noch verdünnen. Mit Pfeffer und Muskatnuß abschmecken und feingehackte Petersilie darüberstreuen.

Mit Saitenwürstchen und frischen Semmeln oder Brot ist diese Suppe auch eine sättigende Hauptmahlzeit.

Brotsupp

100 g altbackene Schwarzbrotreste, 1 l Fleischbrühe, 1 Ei, Schnittlauch.

Die Brotreste in Würfel schneiden und ohne Fett im Topf rundum gut anrösten. Vorsicht, brennt leicht an! Fleischbrühe zugießen und aufkochen lassen. Das verquirlte Ei darunterziehen und die Suppe, mit Schnittlauchröllchen bestreut, servieren.
Oder: Die Brotwürfel ganz verkochen lassen. Dabei kräftig mit dem Schneebesen durchschlagen. Dann erst das verquirlte Ei darunterziehen.

G'röschtete Mehlsupp

Brennte Meahlsupp

60 g Mehl, 40 g Butter,
1 kleine Zwiebel, 1 l Fleischbrühe,
Schnittlauch.

Das Mehl in der zerlassenen Butter hellbraun anrösten. Feingeschnittene Zwiebel dazugeben und kurz mitrösten, aber nicht zu braun werden lassen. Mit der Fleischbrühe ablöschen und etwa 15 Minuten durchkochen lassen. Mit Schnittlauchröllchen bestreut servieren.

Helle Mehlsupp

60 g Mehl, 40 g Butter,
1 l Fleischbrühe,
geriebene Muskatnuß.

Das Mehl in der zerlassenen Butter hell andünsten, mit der Fleischbrühe ablöschen und etwa 15 Minuten durchkochen lassen. Mit Muskatnuß abschmecken.

Hinweis

Die Suppe kann mit Eigelb, Rahm, Kräutern, z. B. Kerbel, Petersilie, verfeinert werden.

Allgäuer Kässupp

40 g Butter, 50 g Mehl,
1 l Fleischbrühe,
100 g Sahneschmelzkäse,
weißer Pfeffer, geriebene Muskatnuß,
Knoblauch nach Geschmack.

Die Butter erhitzen und darin das Mehl leicht gelblich andünsten. Mit der Fleischbrühe ablöschen und ca. 5 Minuten durchkochen lassen. Den in Stücke geschnittenen Schmelzkäse hineingeben und so lange rühren, bis er zerschmolzen ist. Kurz aufkochen und mit Pfeffer und Muskatnuß abschmecken. Nach Geschmack kann noch ganz wenig Knoblauch dazugeben werden. Dazu geröstete Weißbrotwürfel servieren.

Bäuerliche Kässupp   Foto

1 Stange Lauch,
200 g Weißkraut, 1 Zwiebel,
1 kleines Stück Sellerie,
1 Möhre, 1 große Kartoffel,
3 EL Öl, 1 l Fleischbrühe,
150 g Sahneschmelzkäse,
Pfeffer, Majoran, Kümmel.

Alle Gemüse waschen und putzen. Lauch und Weißkraut in Streifen, die anderen Gemüse in kleine Würfel schneiden. In dem heißen Öl unter ständigem Wenden leicht anrösten. Fleischbrühe zugießen und 15 Minuten zugedeckt leicht kochen lassen. Sahneschmelzkäse in grobe Stücke schneiden, in die Suppe geben und so lange rühren, bis er ganz zerschmolzen ist. Mit den Gewürzen abschmecken.

Variation

Schmelzkäse weglassen. Dafür auf die fertige Suppe angeröstete Weißbrotwürfel geben und dick mit geriebenem Emmentaler bestreuen.

Grünkernsupp

*100 g ganze Grünkerne, 1½ l Wasser,
1 kleine Zwiebel, 1 EL Öl, Salz, nach
Geschmack Thymian oder Majoran,
1 Würfel klare Fleischbrühe,
2 EL Crème fraîche, Petersilie.*

Die Grünkerne waschen, über Nacht
in dem Wasser einweichen und am
nächsten Tag ca. 1½–2 Stunden im
Einweichwasser langsam kochen. Danach durch ein Sieb gießen, das Kochwasser auffangen. Feingeschnittene
Zwiebel im Öl hell andünsten, mit
dem Kochwasser ablösen und aufkochen lassen. Die Grünkerne zufügen, mit den Gewürzen und Crème
fraîche abschmecken und mit gehackter Petersilie bestreut servieren. Nach
Belieben können auch Markklößchen
als Einlage dazugegeben werden.

Schwarzwäldersupp

50 g Bauchspeck, 1 große Zwiebel,
1 Bund Petersilie, 1 EL Öl,
gut 1 l Fleischbrühe, 4 große
Kartoffeln, 2 Knoblauchzehen,
3 zerstoßene Korianderkörner,
2 Scheiben altbackenes Vollkornbrot,
1 frische Leberwurst, Petersilie.

Den Bauchspeck würfeln, Zwiebel
und Petersilie fein hacken. Alles zusammen im Öl andünsten und mit der
Fleischbrühe ablöschen. Die Kartoffeln schälen, in kleine Würfel schneiden und dazugeben, ebenso die feingehackten Knoblauchzehen und die
Korianderkörner. Das Ganze so lange
kochen lassen, bis die Kartoffeln zer-
fallen. Das in kaltem Wasser einge-
weichte Brot gut ausdrücken. Die Leberwurst aus der Haut drücken und
beides in die Suppe rühren. Kurz aufkochen lassen. Die Suppe mit gehackter Petersilie bestreuen und servieren.

Sauerampfersupp

1 kleine Zwiebel, 60 g Mehl,
40 g Butter, 1¼ l Wasser,
1 Tasse Sauerampferblätter,
½ Tasse Kerbel, klare Fleischbrühe
(Würfel), Pfeffer, 1 Prise Zucker,
1 Eigelb, 3 EL Crème fraiche,
geriebener Käse nach Geschmack.

Die Zwiebel fein schneiden und mit
dem Mehl in der zerlassenen Butter
hellgelb andünsten. Mit dem Wasser
ablöschen und 10 Minuten durchkochen lassen. Dann die feingehackten

Kräuter dazugeben. Mit klarer Brühe
nach Geschmack, Pfeffer und dem
Zucker abschmecken und nochmals
kurz aufkochen lassen. Vom Herd
nehmen, mit dem Schneebesen das
Eigelb und Crème fraiche darunterrühren. Evtl. bei Tisch noch mit geriebenem Käse überstreuen.

Schledderlessupp, Eilaufsupp

1 l Fleischbrühe, 2 EL Mehl,
1 großes Ei, 1 TL Wasser, Salz,
geriebene Muskatnuß, Schnittlauch.

Die Fleischbrühe zum Kochen bringen. Aus Mehl, Ei, Wasser und Gewürzen in einer Tasse einen glatten Teig
rühren. Diesen mit der Messerspitze
vom Tassenrand in die kochende Brühe streifen. Kurz aufkochen lassen. Mit
Schnittlauchröllchen bestreuen.

Brätknödl

250 g Brät, ⅛ l Milch, 1 Ei, 1 TL Mehl,
Salz, Pfeffer, geriebene Muskatnuß,
etwas abgeriebene unbehandelte
Zitronenschale, 2 große Stengel
Petersilie, 3 EL Semmelbrösel.

Das Brät gut mit der Milch verrühren.
Ei, Mehl, Gewürze, feingehackte Petersilie und Semmelbrösel dazugeben
und zu einer glatten Masse zusammenrühren. Mit einem Kaffeelöffel
kleine Knödel abstechen, in die kochende Brühe einlegen, kurz aufkochen und dann 10–15 Minuten garziehen lassen.

Brätspätzla

Zutaten und Zubereitung wie bei Brätknödel.

Den Teig in den Spatzenhobel oder die Spatzenpresse füllen und die Spätzla in das kochende Wasser drücken, umrühren. Wenn die Spätzla oben schwimmen, mit dem Schaumlöffel herausnehmen und gut abtropfen lassen. Gleich als Suppeneinlage verwenden oder einfrieren.

Brätstrudl

200 g Mehl, 1 Ei, Salz, ca. ¹⁄₁₆ l Wasser, 1 TL Öl.

Brätfüllung: Zutaten und Zubereitung wie bei Brätknödel (Seite 24)

Aus Mehl, Ei, Salz, Wasser und Öl einen geschmeidigen Teig kneten und etwa 30 Minuten zugedeckt ruhen lassen. Anschließend auf einem leicht bemehlten Küchentuch ganz dünn zu einem Rechteck auswellen. Die Brätfüllung darauf verstreichen. Das Ganze wie eine Roulade zusammenrollen und 1 Stunde trocknen lassen. Dann mit einem scharfen Messer etwa fingerbreite Stücke abschneiden und in die kochende Brühe einlegen. Kurz aufkochen und etwa 20 Minuten garziehen lassen. Übriggebliebene Stücke können eingefroren werden.

Hinweis

In manchen Gegenden nimmt man auch Flädla (Seite 26) anstelle des Nudelteiges. Diese werden gebacken und, wenn sie kalt sind, mit der Brätmasse bestrichen, zusammengerollt und ca. fingerbreite Stücke abgeschnitten. In die kochende Brühe geben und ca. 10 Minuten garziehen lassen.

Leberknödl

4 altbackene Semmeln, 1 Zwiebel, 1 kleines Bündel Petersilie (nach Belieben können noch ein paar Spinatblätter dazugenommen werden), 1 EL Öl, 250 g feingehackte Rinds- oder Kalbsleber, 2 Eier, etwa 3 EL Semmelbrösel, Salz, Pfeffer, Majoran.

Die Semmeln in kaltem Wasser einweichen. Zwiebel und Petersilie (Spinat) fein hacken und in dem Öl andünsten. Dann mit der gehackten Leber, den Eiern, den ausgedrückten und verzupften Semmeln, Semmelbröseln und den Gewürzen zu einem gut formbaren Teig zusammenmischen. Wenn nötig, nochmals Semmelbrösel dazugeben. Mit einem Löffel Knödel abstechen und in kochendes Salzwasser einlegen. Je nach Größe etwa 15 Minuten leise kochen lassen.

Hinweis

Leberknödel werden meist zur Suppe und zur Hauptspeise gegessen. Sparsam und üblich ist, 1 Knödel in die Fleischbrühe zu geben mit reichlich Schnittlauch und die restlichen Knödel zur Hauptspeise zu reichen.

Leberspätzla

*200 g Mehl, 2 Eier, 200 g feingehackte
Rinds- oder Kalbsleber, Salz,
geriebene Muskatnuß, Pfeffer,
1 große Zwiebel, 2 Stengel Petersilie,
1 EL Öl, wenn nötig etwas Wasser.*

Mehl, Eier, Leber sowie Salz, Muskatnuß und Pfeffer in eine Schüssel geben. Zwiebel und Petersilie fein hakken, in dem Öl andünsten und zu den anderen Zutaten in die Schüssel geben. Alles zu einem glatten, festen Teig verrühren. Mit dem Spatzenhobel oder der Spatzenpresse die Spätzla nach und nach ins kochende Wasser einbringen. Mehrmals aufkochen lassen, mit dem Schaumlöffel herausnehmen und gut abtropfen lassen. Mit heißer Fleischbrühe übergießen und mit Schnittlauchröllchen bestreuen.

Flädla Foto

*125 g Mehl, ¼ l Milch, 1 Ei, Salz,
geriebene Muskatnuß,
Öl zum Backen.*

Aus den Zutaten mit dem elektrischen Handrührgerät einen glatten Teig rühren. Etwas Öl in der Pfanne erhitzen. Einen kleinen Schöpflöffel Teig hineingeben und verteilen. Auf beiden Seiten schön hellbraun backen, herausnehmen. Nach und nach alle Flädla backen. Abkühlen lassen, zusammenrollen und in dünne Streifen schneiden. Mit heißer Fleischbrühe übergießen und mit Schnittlauchröllchen bestreuen.

Bachene Flädla

*Zutaten und Zubereitung wie oben,
2 Eier, Milch, Salz, Öl zum Ausbacken,
Schnittlauch, Muskat.*

Die Eier mit etwas Milch und Salz verquirlen. Die abgekühlten, noch nicht zerschnittenen Flädla von allen Seiten zu einem Quadrat einschlagen. In den verquirlten Eiern wenden und im heißen Öl von beiden Seiten backen. Die gebackenen Flädla in eine Suppenschüssel legen, mit Fleischbrühe übergießen und etwa 2 Minuten zugedeckt ziehen lassen. Mit Schnittlauch und geriebener Muskatnuß bestreut servieren.

Backerbsla, Foto
Bachene Spätzla,
Knöpfla, Bauraseckala

*300 g Mehl, 3 Eier, ⅛ l Wasser,
½ TL Salz, geriebene Muskatnuß,
Öl oder Fritierfett zum Ausbacken
(am besten in der Friteuse).*

Aus Mehl, Eiern, Wasser, Salz und Muskatnuß einen nicht zu festen, glatten Spätzleteig rühren. Diesen durch den Spatzenhobel, ein groblöcheriges Sieb oder die Spatzenpresse in das erhitzte Fett tropfen lassen. Im Fett schwimmend goldbraun herausbakken. Mit dem Schaumlöffel herausnehmen und auf Küchenkrepp gut abtropfen lassen. Gleich als Suppeneinlage verwenden oder abgekühlt in Gefrierbeutel füllen zur späteren Verwendung.

Maultascha

Foto

*Zutaten und Zubereitung siehe
Seite 34, Schnittlauch,
geröstete Zwiebeln.*

Pro Person 1–2 fertiggekochte Maultaschen auf Suppenteller geben, mit
heißer Fleischbrühe übergießen und
mit viel Schnittlauch und braun gerösteten Zwiebeln bestreuen.

27

Markklößchen

½ Zwiebel, 2–3 Stengel Petersilie,
1 EL Öl, 60 g Rindermark, 1 Ei,
ca. 80 g Semmelbrösel, Salz,
geriebene Muskatnuß.

Feingehackte Zwiebel und Petersilie
im Öl glasig dünsten. Das Rindermark
mit einem spitzen Messer aus den
Knochen lösen und in Würfel schneiden. In einem Topf erwärmen. Das klare Fett abgießen und das zurückblei-
bende Mark mit allen Zutaten vermengen. Den Teig ca. 30 Minuten
stehen lassen. Dann kleine Klößchen
formen und in kochender Fleischbrühe garen (etwa 8 Minuten bei kleiner
Hitze).

Mutschelmehlknödl

2 Eier, Salz,
geriebene Muskatnuß,
2–3 Stengel Petersilie,
Mutschelmehl.

Eier, Salz, Muskatnuß und feingehackte Petersilie gut verquirlen. Unter Rühren so viel Mutschelmehl einrieseln
lassen, bis eine gut formbare Masse
entstanden ist. Sofort mit einem kleinen Löffel kleine Knödel abstechen
und in die kochende Fleischbrühe
einlegen. Etwa 10 Minuten garziehen
lassen.

Riebela

250 g Mehl, 2 Eier, Salz,
Wasser nach Bedarf
(knapp ⅟16 l).

Aus den Zutaten einen festen Nudelteig zubereiten. Diesen mit dem Reibeisen auf ein Tuch reiben und die Rie-
bela gut 30 Minuten trocknen lassen.
Dann in die kochende Fleischbrühe
geben und 5 Minuten leicht kochen
lassen.

Nudelsupp

Gekaufte Suppennudeln oder
selbstgemachte (Seite 34).

Die gekochten Suppennudeln werden
mit heißer Hühner- oder Fleischbrühe
übergossen und mit viel Schnittlauch
bestreut.

Hochzeitssupp
Für festliche Anlässe

Fleischbrühe mit Brätknödel, Bråt-
spätzla, Leberknödel, Leberspätzla,
Mutschelmehlknödel, Flädla, Backerbsla oder Backspätzla als Einlage. Je
nach Gebiet ist die Einlage verschie-
den, jedoch sind immer Brätknödel
und Backerbsla oder -spätzla in der
Supp.

Meahlspeisa

Die Vorliebe der Schwaben für Mehlspeisen rührt noch aus den Zeiten bitterer Not. Damals war die Mehltruhe die wichtigste Vorratskammer eines Hauses. Das Können einer Hausfrau wurde daran gemessen, mit wieviel Phantasie es ihr gelang, aus den vorhandenen Vorräten wie Mehl, Milch, Eiern, Gemüse, Obst und dem wenigen Fleisch abwechslungsreiche Mahlzeiten auf den Tisch zu bringen.

Bis nach dem Ersten Weltkrieg wurden Mehlspeisen, ebenso wie Kuchen und Gebäck, aus Dinkelmehl zubereitet. Doch wurde der Dinkel, auch Schwabenkorn genannt, vom Weizen verdrängt. Aber heute verwenden immer mehr Hausfrauen wieder Dinkelmehl wegen seines typischen Geschmacks. Man erhält es in Naturkostläden und Reformhäusern. Vermehrt angeboten wird in letzter Zeit das Kernenmehl. Dies besteht zu je 50 Prozent aus Dinkel und Weizen und ist ein fast weißes Mehl (Type 630). Es hat sowohl geschmacklich als auch vom hohen Klebergehalt her die guten Eigenschaften des Dinkels. Vom Standpunkt einer bewußten und gesunden Ernährung aus ist Dinkel zu empfehlen, da er das wertvollste Getreide überhaupt ist und selbst von magenempfindlichen Menschen sehr gut vertragen wird.

Die bekannteste und beliebteste Mehlspeise sind die Spätzla, die natürlich selbst gemacht am besten schmecken. Aber auch Maultaschen, Nudeln aller Art und Pfannkuchen werden sehr viel gegessen.

Spätzla ond Knöpfla

Spätzla und Knöpfla sind eine schwäbische Philosophie, über die man selbst ein ganzes Buch schreiben könnte. Wir beschränken uns hier auf die Zubereitung und Verwendung. In Oberschwaben, auf der Schwäbischen Alb und im Stuttgarter Raum sind die langen Spätzla, vom Brett oder durch die Spatzenpresse gedrückt, beliebt. Dagegen werden im Allgäu und im bayerischen Teil Schwabens die Knöpflaspätzla bevorzugt, das sind die kurzen Spätzla, die mit dem Spatzenhobel hergestellt werden oder zum Teil noch mit dem dreifüßigen Sieb.

Macha mr Spatza
oder fressa mr da Toig so?

Spätzla und Knöpfla
Grundrezept

250 g Mehl (Weizen-, Dinkel- oder Spätzlemehl), 2 Eier, 1 TL Salz, ¹/₁₆ l Wasser.

Das Mehl in eine Schüssel sieben, die restlichen Zutaten dazugeben und mit dem Kochlöffel oder den Knethaken des elektrischen Handrührgerätes zu einem glatten Teig verarbeiten. Die Festigkeit des Teiges richtet sich nach der Art des Spätzlemachens: Vom Brett und mit der Presse soll der Teig fester sein, beim Spatzenhobel dagegen noch langsam vom Kochlöffel ablaufen. Einen großen Kochtopf gut

¾ mit Wasser füllen und mit 1 EL Salz zum Kochen bringen. Wenn das Wasser kocht, 1 EL Öl hineingeben und den Teig portionsweise einbringen. Die fertigen Spätzla nach Belieben in Butter schwenken und als Beilage reichen.

Spätzla vom Brett
Den Teig portionsweise dünn auf das mit kaltem Wasser abgespülte Spatzenbrett streichen. Mit dem Spatzenschaber oder einem breiten Messer dünne Streifen in das kochende Wasser schaben, dabei öfter umrühren. Wenn die Spätzla oben schwimmen, mit dem Schaumlöffel herausnehmen, in warmem Salzwasser schwenken, gut abtropfen lassen und warm stellen.

Spätzla mit der Spatzenpresse
Die mit kaltem Wasser ausgespülte Spatzenpresse mit Teig füllen und über dem Kochtopf in das kochende Salzwasser drücken. Den durchgedrückten Teig mit einem Messer von der Presse abtrennen und die Spätzla umrühren. Weiter wie Zubereitung vom Brett.

Spätzla mit dem Spatzenhobel
Den mit kaltem Wasser ausgespülten Spatzenhobel über der Schüssel mit Teig füllen (nicht über dem kochenden Wasser füllen, da sonst die Lochung des Hobels verklebt!). Spatzenhobel über den Topf legen und die Spätzla durch Hin- und Herschieben des Schlittens ins Wasser fallen lassen, umrühren. Weiter wie Zubereitung vom Brett.

Spatzenpresse, Spatzenbrett und Spatzenhobel

Schüsselspatzen

Ganz geübte Spätzlesköchinnen schaben den Teig mit einem Löffel oder Messer direkt vom Schüsselrand in das kochende Salzwasser.

Hinweis

Sobald die letzte Teigportion verarbeitet ist, Schüssel und Geräte sofort in kaltem Wasser einweichen, dann lassen sich die angetrockneten Teigreste leichter entfernen.

G'röschtete Spätzla

1 Grundrezept Spätzla (Seite 30),
50 g Butter,
2 Eier,
Salz, Pfeffer.

Spätzla nach Grundrezept zubereiten, jedoch ohne Schwenken in Salzwasser. Die Butter in einer Pfanne zerlaufen lassen. Die sehr gut abgetropften Spätzla hineingeben und langsam von allen Seiten hellbraun anrösten. Zuletzt die verquirlten und mit Salz und Pfeffer gewürzten Eier darübergießen und anstocken lassen. Mit grünem Salat servieren.

Variation

Nach Belieben können auch noch Wurst- oder Schinkenwürfel mit angeröstet werden.

Hinweis

Auf dieselbe Art können auch Leberspätzla (Rezept Seite 26) geröstet werden.

Kässpätzla   Foto

400 g Mehl,
4 Eier,
1 TL Salz,
geriebene Muskatnuß,
knapp ⅛ l Wasser,
300 g geriebener Emmentaler,
1 EL Essig,
1 große Zwiebel,
50 g Butter.

Aus Mehl, Eiern, Salz, Muskatnuß und Wasser mit dem elektrischen Handrührgerät einen glatten Teig arbeiten, die Spätzla nach Grundrezept (Seite 30) zubereiten und portionsweise in das kochende Wasser einbringen. Sobald die Spätzla oben schwimmen, mit dem Schaumlöffel herausnehmen, gut abtropfen lassen und in eine vorgewärmte Schüssel geben. Dabei jeweils eine dicke Schicht Käse darüberstreuen. Zum Schluß 1 EL Essig darüber verspritzen, die Schüssel zudecken und warm stellen. Die feingeschnittene Zwiebel in Butter schön braun anrösten und über die Kässpätzla verteilen. Dazu schmeckt Tomaten-, Kopf- oder Kartoffelsalat.

Hinweis

Im Allgäu werden in manchen Gegenden noch ein paar Stücke Backsteinkäse über die Spätzla verteilt. Die Schüssel dann so lange im Backofen warmstellen, bis der Käse zerlaufen und gut eingezogen ist.

Apfelspätzla

1 Grundrezept Spätzla (Seite 30),
50 g Butter,
500 g Äpfel,
Zucker,
Zimt,
warme Milch.

Spätzla nach Grundrezept zubereiten. Die Butter in einem weiten Topf zerlaufen lassen. Die kalt abgeschwenkten und gut abgetropften Spätzla hineingeben und von allen Seiten leicht anrösten.
Die Äpfel schälen, vierteln und das Kernhaus entfernen. Dann in Spalten schneiden und vorsichtig unter die Spätzla mischen. Zugedeckt etwa 5 Minuten dünsten lassen. Nach Geschmack können bei Tisch Zucker und Zimt sowie etwas warme Milch darübergegeben werden.

Krautspätzla

1 große Zwiebel, 2 EL Öl,
500 g Sauerkraut, 300 g Mehl,
3 Eier,1 TL Salz,gut 1/16 l Wasser,
Salz und Pfeffer nach Geschmack.

Die feingeschnittene Zwiebel im Öl andünsten, das Kraut dazugeben und zusammen leicht anrösten, etwa 15 Minuten. In der Zwischenzeit aus Mehl, Eiern, Salz und Wasser mit dem elektrischen Handrührgerät einen glatten Teig arbeiten und die Spätzla nach Grundrezept (Seite 30) zubereiten. Mit dem Schaumlöffel aus dem Wasser heben, gut abtropfen lassen und zu dem Kraut geben. Mit zwei Gabeln alles gut durchmischen und nochmals kurz anrösten. Nach Geschmack mit Salz und Pfeffer nachwürzen.

Andere Art
Die feingeschnittene Zwiebel und das Kraut im Öl gar dünsten. Die Spätzla

zubereiten und lagenweise – zuerst Spätzla dann das Kraut – in eine angewärmte Auflaufform schichten. Zusätzlich Zwiebelringe in Butter schön braun rösten und darüber verteilen. Das Ganze im Backofen bei 150 °C etwa 10 Minuten durchziehen lassen.

Saure Spätzla

400 g Mehl, 3 Eier, 1 TL Salz,
ca. 1/8 l Wasser, Einbrenne (Seite 42),
Petersilie.

Aus Mehl, Eiern, Salz und Wasser mit dem elektrischen Handrührgerät einen glatten Teig arbeiten und die Spätzla nach Grundrezept (Seite 30) zubereiten. Die Spätzla in die Einbrenne geben und gut durchmischen. Nochmals kurz aufkochen lassen und mit gehackter Petersilie bestreuen. Dazu reicht man Kopf- oder Endiviensalat.

Nudla

Am besten schmecken selbstgemachte Nudeln, deren Herstellung gar nicht so schwer ist, wenn man erst einmal den Bogen heraus hat. Zumal mit einer Nudelmaschine, die Ihnen diese Arbeit sehr erleichtert. Aber selbst von Hand ist das Nudelmachen keine Hexerei.
Grundsätzlich kann man alle Nudelarten selbst machen, auch die nicht schwäbischen Spaghetti und Tortellini. Wenn Sie die Nudeln sehr gut

trocknen, können sie sogar auf Vorrat
zubereitet werden. Dazu läßt man sie
auf einem Küchentuch etwa 4–6 Stunden, je nach Raumtemperatur, trocknen und verpackt sie dann luftdicht in
Gefrierbeuteln oder Dosen.

Nudelteig
Grundrezept

400 g Mehl, 3 Eier,
¹⁄₁₆ l Wasser,
1 EL Öl, ½ TL Salz.

Aus den angegebenen Zutaten einen
glatten, geschmeidigen Teig kneten.
Er muß glänzend und feinporig sein.
Den Teig in vier Stücke teilen und auf
bemehlter Fläche dünn auswellen. Die
Teigplatten ca. 30 Minuten trocknen
lassen, dann leicht mit Mehl bestäuben und je nach gewünschter Sorte
verarbeiten.

Breite Nudeln
Den Teig locker zusammenrollen und
1 cm breite Streifen abschneiden. Auf
bemehltem Küchentuch etwa 1 Stunde trocknen lassen. Dann in reichlich
Salzwasser ca. 8 Minuten kochen.

Suppennudeln
Die Teigstreifen höchstens 2 mm breit
schneiden, Kochzeit ca. 2–3 Minuten.

Spiralen
Teigstreifen wie für breite Nudeln
schneiden, in etwa 5 cm lange Stücke
teilen, zu Spiralen drehen und trocknen lassen. In reichlich Salzwasser
ca. 8 Minuten kochen.

Hinweise
Wenn Sie eine Nudelmaschine besit-
zen, richten Sie sich bitte nach der Ge-
brauchsanweisung.
Dieser Nudelteig ist auch Grundstock
für Maultaschen und Krautkrapfen.
Maultauschenfüllungen gibt es in vie-
lerlei Variationen, denn fast jede Familie hat ihr eigenes Rezept. Das nach-
folgende ist nur eines von vielen.

Maultascha

300 g Mehl, 2 Eier, Salz, geriebene
Muskatnuß, etwa ¹⁄₁₆ l Wasser, 1 TL Öl.

Füllung: 1 Zwiebel, reichlich Petersilie,
1 EL Öl, 250 g Spinat oder Brennesseln
(oder gemischt), 1 alte Semmel,
250 g Brät, 1 Ei, Salz, Pfeffer,
geriebene Muskatnuß.

Aus den angegebenen Zutaten einen
glatten, geschmeidigen Nudelteig
kneten.
Für die Füllung Zwiebel und Petersilie
fein hacken und im Öl glasig dünsten.
Spinat oder Brennesseln kurz in hei-
ßes Wasser geben, kalt abschrecken,
abtropfen lassen und fein hacken. Die
Semmel in kaltem Wasser einweichen,
gut ausdrücken und verzupfen. Das
Brät mit dem Ei und den Gewürzen
verrühren. Die anderen Zutaten zugeben und alles gut vermischen.
Den Nudelteig auf bemehlter Fläche
dünn zu einem Rechteck auswellen.
Die Füllung auf der Hälfte des Teiges
verteilen, die andere Teighälfte dar-
überschlagen und leicht andrücken,
damit die Luft entweicht. Mit dem Stiel

eines Kochlöffels im Abstand von etwa 7 cm längs und quer Linien eindrücken. Diese Linien mit dem Teigrädchen oder einem Messer durchschneiden. Die Ränder fest andrücken und die Maultaschen in reichlich kochendes Salzwasser einlegen. Aufkochen und dann bei kleiner Hitze 20 Minuten garziehen lassen. Mit dem Schaumlöffel herausnehmen und gut abtropfen lassen. Weitere Verwendung nach Belieben.

G'schmälzte Maultascha   Foto

*5 EL Semmelbrösel, 50 g Butter,
pro Person 2–3 Maultaschen,
gehackte Petersilie.*

Die Semmelbrösel in der zerlassenen Butter leicht anrösten. Über die hei-

ßen, gut abgetropften Maultaschen geben. Mit gehackter Petersilie bestreuen und servieren. Dazu reicht man Kartoffelsalat, mit Endivien oder Gurken gemischt.

G'röschtete Maultascha

*Etwa 10 abgekühlte Maultaschen,
60 g Butter, 4 Eier, Salz, Pfeffer,
geriebene Muskatnuß, Petersilie.*

Die Maultaschen in knapp 1 cm breite Streifen schneiden und diese in der heißen Butter von allen Seiten schön knusprig anrösten. Die Eier mit den Gewürzen verquirlen, über die Maultaschen gießen und stocken lassen. Mit gehackter Petersilie bestreuen und servieren. Als Hauptgericht mit Salat oder als Beilage zu Braten reichen.

Krautkrapfen

*Füllung: 100 g Bauchspeck,
1 große Zwiebel, 1 EL Öl,
1 kg Sauerkraut, Salz, Pfeffer.*

*Teig: 400 g Mehl, 1 Ei, Salz, geriebene
Muskatnuß, gut ⅛ l Wasser, 1 EL Öl.*

*3 EL Öl oder Butterschmalz zum
Anbraten, ½ l Fleischbrühe*

Den gewürfelten Speck und die feingeschnittene Zwiebel in dem Öl andünsten. Das Sauerkraut mit einer Gabel auflockern, zu Speck und Zwiebel
geben und gut 5 Minuten weiterdünsten. Evtl. mit Salz und Pfeffer nachwürzen. Abkühlen lassen.
Inzwischen aus den angegebenen Zutaten einen glatten, geschmeidigen
Nudelteig bereiten und dünn zu einem Rechteck auswellen. Die erkaltete Krautmasse (ganz auskühlen lassen,
sonst klebt der Teig und läßt sich nicht
aufrollen!) auf dem Teig verteilen und
wie eine Roulade aufrollen. Mit einem
scharfen Messer etwa 5 cm breite
Stücke abschneiden. Öl oder Butterschmalz in einem weiten Topf erhitzen. Die Krautkrapfen mit der Schnittfläche nach unten hineinlegen und
knusprig anbraten. Fleischbrühe dazugießen und in ca. 25 Minuten gar
dünsten. Durch Öffnen des Topfdek-
kels können Sie regulieren, ob Sie die
Krautkrapfen mehr knusprig oder
mehr gedämpft wollen.

Andere Art

Den ausgewellten Teig in ca. 12 cm
große Quadrate schneiden. In die
Mitte jeweils 1–2 EL von der Krautmasse geben und die Ecken darüber
zusammenlegen. Mit der glatten Fläche nach unten knusprig anbraten.
Weitere Zubereitung wie oben.

Schupfnudla (mit Kartoffeln)

*500 g in der Schale gekochte
Kartoffeln (möglichst vom Vortag),
250 g Mehl, 1 Ei, Salz, 1 Zwiebel,
60 g Butter.*

Die Kartoffeln schälen, durch die Kartoffelpresse drücken und mit Mehl, Ei
und Salz zu einem glatten Teig kneten.
Mit dem Löffel kleine Stücke abstechen und auf bemehlter Unterlage
schupfen, das heißt, mit der Hand
4–6 cm lange Würstchen ausrollen,
die an beiden Enden spitz zulaufen. In
kochendes Salzwasser einlegen. Sobald sie oben schwimmen, Hitze zurückschalten und etwa 15 Minuten
garziehen lassen. Mit dem Schaumlöffel herausnehmen und gut abtropfen
lassen. Auf einer vorgewärmten Platte
anrichten. Die feingeschnittene Zwiebel in der Butter hellbraun anrösten
und mit der flüssigen Butter über die
Schupfnudla gießen. Oder die
Schupfnudla in Butter leicht anrösten.

Kraut-Schupfnudla

*1 Rezept Schupfnudla,
500 g Sauerkraut, 1 Zwiebel, 3 EL Öl.*

Kraut-Schupfnudla werden wie Kraut-
spätzla (Seite 33) zubereitet.

Schupfnudla (ohne Kartoffeln)
Allgäu, Oberschwaben,
Bayerisch Schwaben

*400 g Mehl, Salz, gut ¼ l Wasser,
1 TL Öl.*

Aus Mehl, Salz, Wasser und Öl einen glatten Nudelteig zubereiten und sehr gut durchkneten, damit er weich und geschmeidig ist. Den Teig in vier Stükke teilen und mit einem sauberen Tuch abdecken. Immer nur ein Stück zur Verarbeitung herausnehmen und dieses mit der Hand zu einer Rolle von ca. 2 cm Durchmesser formen. Davon kleine Stücke abschneiden und schupfen, das heißt, mit der Hand auf bemehlter Unterlage 4–6 cm lange Würstchen ausrollen, die an beiden Enden spitz zulaufen. Etwas trocknen lassen und dann in reichlich Salzwasser kochen. Die Kochzeit richtet sich nach der »Dicke« der Nudeln, sie beträgt ungefähr 15 Minuten. Anschließend in ein Nudelsieb gießen und mit kaltem Wasser durchschwenken. Gut abtropfen lassen und leicht in Butter anrösten.

Buabaspitzla, Bauza

500 g in der Schale gekochte Kartoffeln (möglichst vom Vortag), 150 g Mehl, 1 Ei, Salz, geriebene Muskatnuß, Öl oder Butterschmalz zum Backen.

Die Kartoffeln schälen, durch die Kartoffelpresse drücken und mit den anderen Zutaten zu einem glatten Teig

kneten. Mit einem Löffel kleine Stücke abstechen und auf bemehlter Unterlage ausformen wie Schupfnudla. Reichlich Öl oder Butterschmalz in eine Pfanne geben und die Buabaspitzla langsam von allen Seiten schön anbräunen (etwa 10 Minuten). Sofort servieren. Zu Sauerkraut, Braten, nur mit Salat oder mit Zucker, Zimt und Vanillesoße reichen.

Variation
<u>Nackede Mariela</u> (Ostschwaben)
Die Buabaspitzla in zerlassener Butter langsam und nur ganz hell anbräunen, mehr dünsten.

Knödl ond andre Meahlspeisa

Hefeknöpfla
Schwäbische Alb, Stuttgarter Gegend

500 g Mehl, 1 Würfel Hefe, ¼ l Wasser, Salz.

Das Mehl in eine Schüssel sieben. In die Mitte eine Vertiefung drücken und die Hefe mit dem lauwarmen Wasser und dem Salz sowie etwas Mehl zu einem Vorteig anrühren. Mit einem Tuch zudecken und an einem warmen Platz ½ Stunde gehen lassen. Danach mit den Knethaken des elektrischen Handrührgerätes zu einem glatten Teig zusammenkneten. Wieder zudecken und zur doppelten Menge aufgehen lassen. Den Teig in vier Stükke teilen und zu Kugeln formen. In kochendes Salzwasser legen und zugedeckt etwa 20 Minuten auf kleiner Hitze kochen lassen. Die fertigen Hefeknöpfla auf eine warme Platte legen, mit zwei Gabeln aufreißen und nach Geschmack noch geröstete Semmelbrösel darübergeben. Zu Sauerkraut oder Braten mit viel Soße reichen.

Zubereitung im Dampfdrucktopf
Sehr gut gelingen Hefeknöpfla im Dampfdrucktopf. Den Teig nach dem Gehenlassen zu einer großen Kugel formen und locker in ein sauberes, mit kaltem Wasser abgespültes Küchenhandtuch einschlagen. In den Locheinsatz des Dampfdrucktopfes legen, Topf schließen und bis zum zweiten Ring ankochen. Hitze zurückschalten und noch 20 Minuten weiterdämpfen. Dann Herd abschalten und warten, bis das Ventil ganz unten ist. Erst dann öffnen, sonst sackt das Knöpfle zusammen. Dieses große Hefeknöpfle wird mit einem weißen Faden über Kreuz in Scheiben getrennt. Bei der Zubereitung im Dampfdrucktopf ist das Hefeknöpfle lockerer und hat außen keine so dicke, speckige Schicht.

Hinweis
Reste von Hefeknöpfla schmecken sehr gut, wenn man sie in Würfel schneidet und in Butter anröstet.

Ulmer Knödl Foto

8 altbackene Semmeln,
50 g Bauchspeck,
1 Zwiebel,
1 Bund Petersilie,
1 EL Öl, 1 Ei,
2 EL Mehl,
Salz, Pfeffer,
geriebene Muskatnuß,
Semmelbrösel nach Bedarf.

Die Semmeln in kaltem Wasser einweichen. Den Speck in Würfel schneiden und mit der feingehackten Zwiebel und Petersilie in dem Öl glasig dünsten. Die eingeweichten Semmeln gut ausdrücken und verzupfen. Alle Zutaten miteinander vermischen. Falls der Teig zu klebrig ist, noch Semmelbrösel dazugeben. Mit bemehlten Händen Knödel formen. In kochendes Salzwasser einlegen, 10 Minuten zugedeckt und 5 Minuten offen sachte kochen lassen. Mit dem Schaumlöffel herausnehmen, gut abtropfen lassen und mit gerösteten Semmelbröseln anrichten.

Schwäbische Knödl Foto

8 alte Semmeln,
1 Zwiebel,
1 Bund Petersilie, 1 EL Öl,
4 Eier, Salz,
Pfeffer, geriebene Muskatnuß,
100 g Mehl,
2 EL Grieß, Milch,
200 g Schinkenwurst,
Butter,
Semmelbrösel.

Die Semmeln in kleine Würfel schneiden. Feingehackte Zwiebel und Petersilie im Öl andünsten. Alle Zutaten, außer Milch und Schinkenwurst, in einer Schüssel gut vermengen. Nach und nach so viel Milch zugießen und darunterkneten, bis der Teig fest und formbar ist. Dann die kleingewürfelte Schinkenwurst einkneten. Mit bemehlten Händen Knödel formen und in kochendes Salzwasser einlegen. Aufkochen und dann bei kleiner Hitze in 15 Minuten garziehen lassen. Die Knödel mit dem Schaumlöffel herausnehmen, gut abtropfen lassen und auf einer warmen Platte mit in Butter gerösteten Semmelbröseln anrichten. Zu Braten reichen als Beilage oder mit Kartoffelsalat als selbständiges Gericht.

Meahlspeisa

Pfannakuacha

375 g Mehl, 3 Eier, ½ TL Salz, ½ l Milch, Öl zum Ausbacken.

Aus den angegebenen Zutaten mit dem elektrischen Handrührgerät einen glatten Teig rühren. In einer Pfanne 1 EL Öl erhitzen und 1 Schöpflöffel Teig darin verteilen. Auf beiden Seiten hellbraun backen. Den Pfannkuchen auf eine Platte legen und warm stellen, bis alle gebacken sind.

Hinweis
Diese Pfannkuchen können nach Belieben gefüllt werden mit Hackfleischteig, Pilzen, Gemüse. Oder süß mit Konfitüre, eingezuckerten Früchten und überstreut mit Zucker und Zimt.

Kratzede, Eierhaber, Duranand

Zutaten und Teigzubereitung wie bei Pfannakuacha.

In einer Pfanne 1 EL Öl erhitzen. 1 Schöpflöffel Teig darin verteilen und auf einer Seite hellbraun backen. Pfannkuchen umdrehen, mit der Backschaufel in Stücke (ca. 2–3 cm) zerteilen und hellbraun backen. Auf eine Platte geben und warm stellen, bis der ganze Teig ausgebacken ist. Mit Kompott, gekochtem Dörrobst oder auch Salat servieren.
Wenn Sie dem Teig 2 EL geriebenen Käse beigeben und die Kratzede knusprig herausbacken, gibt es auch eine schmackhafte Beilage zu Braten.

Gmües ond Kartoffla

Was dr Baur et kennt,
des frißt er au et.

Zum Gemüse hat der Schwabe ein etwas zwiespältiges Verhältnis. Wenn es in viel Soße schwimmt oder Fleisch darin verborgen ist, geht es ja noch. Aber nur gedämpft? Zwar hat man sich an die neueren Ernährungsgewohnheiten angepaßt, nur ist das halt nichts Schwäbisches, denn dazu gehören nun einmal Soße und Spätzla. Diese Soße besteht aus einer braunen Einbrenne, auch saure Brühe, die Grundstock für verschiedene Gerichte ist und dort nicht mehr extra aufgeführt wird.

Einbrenne, Saure Brühe

60 g Margarine, 40 g Mehl,
1 Prise Zucker, gut ¾ l Wasser,
1 Lorbeerblatt, 2 EL Essig, Salz,
evtl. klare Brühe (Würfel)
zum Nachwürzen.

Das Fett in einem Topf erhitzen, Mehl
und Zucker dazugeben und unter
ständigem Rühren mit einem Holzkochlöffel gut hellbraun anrösten.
Vorsicht, brennt gegen Ende leicht an!
Mit dem Wasser ablöschen und kräftig durchrühren. Die Gewürze dazugeben und die Soße etwa 5 Minuten
durchkochen lassen. Sollte die Soße
zu hell geraten sein, kann man mit etwas Bratensaft nachdunkeln. Die Einbrenne oder saure Brühe muß schön
sämig sein.

Bratkartoffla   Foto

1 kg in der Schale gekochte Kartoffeln
(möglichst vom Vortag),
1 große Zwiebel, 100 g Speckwürfel
oder Grieben, 50 g Butterschmalz,
Salz, Majoran.

Die Kartoffeln schälen und in ganz
dünne Scheiben schneiden. Feingeschnittene Zwiebel und Speckwürfel
oder Grieben im heißen Butterschmalz andünsten. Die Kartoffelscheiben dazugeben, würzen und unter mehrmaligem Wenden mit der
Bratschaufel schön knusprig anbraten.
Als Hauptspeise mit Salat und Spiegel-
eiern reichen oder als Beilage, z.B. zu
saure Kuttla.

Bluetwurschtkartoffla

1 kg in der Schale gekochte Kartoffeln
(möglichst vom Vortag),
2 Blutwürste, 1 große Zwiebel,
75 g Butterschmalz, Salz,
Majoran, evtl. Milch.

Die Kartoffeln schälen und in Scheiben schneiden. Die Blutwürste von
der Haut befreien und die Wurstmas-
se in Würfel schneiden. Die feingeschnittene Zwiebel im Butterschmalz
andünsten, Kartoffelscheiben zugeben und alles zusammen leicht anbraten. Dann die Blutwurstwürfel daruntermischen, würzen und vollends
knusprig braten. Blutwurstkartoffeln
sollten nicht zu trocken sein, evtl.
noch ein wenig Milch darübergießen.
Dazu Salat oder Sauerkraut.

Kartoffellaibla   Foto

500 g in der Schale gekochte
Kartoffeln, 2 Eier,
100 g Mehl, Salz,
geriebene Muskatnuß,
3 EL süße Sahne oder Milch,
Öl zum Backen.

Die gut ausgekühlten Kartoffeln schälen und durch die Kartoffelpresse
drücken. Mit den anderen Zutaten zu
einem glatten, festen Teig verkneten.
Eine Rolle mit ca. 2 cm Durchmesser
formen und mit einem scharfen Messer ½ cm dicke Scheiben abschneiden. Diese Laibla im heißen Öl schön
braun backen. Als Beilage zu Braten
reichen.

Gmües ond Kartoffla

43

Kartoffla mit Butter ond Käs

Pro Person 3–4 Kartoffeln,
Butter,
Käse nach Geschmack,
z. B. Backsteinkäse oder Romadur,
Streichkäse, Schnittkäse
(Emmentaler, Butterkäse),
Quark.

Die Kartoffeln sauber waschen und in wenig Wasser oder im Dampfdrucktopf gar kochen. Dann nimmt jeder seine Kartoffeln, schneidet sie in Scheiben (möglichst mit der Schale) und ißt nach persönlichem Geschmack Butter, Käse und Quark dazu. Dies ist sowohl ein schnelles Mittagessen, als auch ein nahrhaftes Abendessen.

Kartoffelpuffer

1 kg rohe Kartoffeln,
Salz, Pfeffer,
geriebene Muskatnuß,
3 EL Mehl,
2 EL Milch,
Öl zum Backen.

Die Kartoffeln schälen und fein reiben, mit der Hand leicht ausdrücken und die Flüssigkeit abgießen. Die Kartoffelmasse mit den anderen Zutaten zu einem Brei vermengen. Jeweils 2 EL davon in das erhitzte Öl geben und zu einem runden, flachen Fladen ausdrücken. Auf beiden Seiten schön knusprig braten. Heiß mit Apfelmus servieren.

Saure Kartoffla, Kartoffelrädla

Einbrenne (Seite 42),
1 kleine Zwiebel,
750 g in der Schale gekochte
Kartoffeln (möglichst vom Vortag).

Die Einbrenne zubereiten, abweichend jedoch die feingeschnittene Zwiebel vor dem Ablöschen kurz mitdünsten. Die kalten Kartoffeln schälen, in dünne Scheiben schneiden und in die Soße geben. Etwa 10 Minuten durchkochen lassen. Mit Saitenwürstle und frischem Brot oder Semmeln servieren.

Laubfrösch
Schwäbische Alb

Fleischteig wie bei Krautwickel
(Rezept rechts),
16 große Spinatblätter
(je Laubfrosch 2 Blätter),
2 EL Öl oder Butterschmalz,
¼ l Fleischbrühe.

Den Fleischteig zubereiten. Die Spinatblätter kurz in kochendes Wasser halten und dann auslegen. Den Fleischteig darauf verteilen. Die Blätter an den Seiten einschlagen und zusammenwickeln. In einem weiten Topf das Fett erhitzen. Die Laubfrösche nebeneinander hineinlegen und nur von unten anbraten. Die Brühe dazugießen und das Ganze in ca. 20 Minuten weich schmoren lassen. Dazu reicht man eine Buttersoße und Salzkartoffeln.

Krautwickel
Kohlrouladen

Foto

8 große Weißkrautblätter,
1 TL Speisestärke, ¼ l Fleischbrühe,
½ TL Kümmel.

Fleischteig: 1 Semmel, 1 Zwiebel,
Petersilie, 3 EL Öl, 400 g Hackfleisch,
1 Ei, ½ EL Mehl, Salz, Pfeffer,
Semmelbrösel nach Bedarf.

Die Krautblätter in wenig Salzwasser halbweich kochen, evtl. die harten Rippen keilförmig herausschneiden. Die Semmel für den Fleischteig in kaltem Wasser einweichen, gut ausdrükken und verzupfen. Die feingeschnittene Zwiebel und Petersilie in 1 EL Öl andünsten. Aus Hackfleisch, Ei, Mehl, Semmel, angedünsteter Zwiebel und Petersilie sowie Salz und Pfeffer einen nicht zu weichen Teig arbeiten, evtl. noch Semmelbrösel daruntermischen. Jeweils 2 Krautblätter aufeinanderlegen und den Fleischteig darauf verteilen. Die Blätter an den Seiten über die Füllung schlagen und zusammenrollen. Mit Bindfaden zusammenbinden. In einem weiten Topf 2 EL Öl (oder Butterschmalz) erhitzen, die Krautwickel nebeneinander hineinlegen und von allen Seiten schön anbraten. Speisestärke darüberstäuben und mit der Brühe ablöschen. Kümmel und nach Geschmack noch Salz und Pfeffer zugeben und zugedeckt in etwa 30 Minuten fertigschmoren lassen.

Sauerkraut　Foto

1 große Zwiebel,
2 EL Öl oder Butterschmalz,
750 g Sauerkraut,
1 Apfel, 1 kleines Lorbeerblatt,
4 Wacholderbeeren,
3–5 Pfefferkörner, 1 Nelke,
½ l Fleischbrühe,
⅛ l Weißwein,
4 Scheiben Schweinebauch.

Die feingeschnittene Zwiebel in Öl oder Butterschmalz andünsten. Das Sauerkraut mit einer Gabel auflockern und dazugeben. Zudecken und etwa 5 Minuten weiterdünsten. Den kleingeschnittenen Apfel und die Gewürze daruntermischen. Brühe und Weißwein zugießen. Die Schweinebauchscheiben auf das Kraut legen und das Ganze zugedeckt gar kochen, je nach Fleischstärke ca. 45 Minuten.

Variation
Anstelle des Schweinebauches können auch frische Blut- und Leberwürste genommen werden. Allerdings dürfen diese dann erst ca. 5 Minuten vor Ende der Garzeit auf das Kraut gelegt werden, sonst zerplatzen sie.

Blaukraut　Foto
Rotkohl

1 Blaukraut (ca. 1 kg),
1 große Zwiebel,
2 EL Öl oder Butterschmalz,
⅛ l Fleischbrühe oder Wasser,
⅛ l Rotwein, 2 EL Essig,
1 Apfel, 4 Nelken, Salz, Pfeffer.

Das Kraut von Außenblättern und Strunk befreien, vierteln und hobeln oder fein schneiden. Die feingeschnittene Zwiebel in Öl oder Butterschmalz andünsten, das Kraut dazugeben und unter häufigem Wenden dünsten, bis es zusammenfällt. Mit Fleischbrühe, Wein und Essig ablöschen. Den kleingeschnittenen Apfel und die Gewürze zugeben, alles gut durchmischen und zugedeckt in etwa 1½ Stunden weich kochen.
Dazu schmecken Hefeknöpfla und Gulasch oder Kartoffelpüree und Schweinebraten.

Weißkraut

1 mittelgroßer Weißkrautkopf,
1 große Zwiebel,
3 EL Öl oder Butterschmalz,
⅛ l Fleischbrühe,
⅛ l Weißwein oder Most,
Salz, Pfeffer,
Kümmel,
Essig,
150 g Bauchspeck.

Das Kraut von den Außenblättern und dem Strunk befreien, vierteln und hobeln oder fein schneiden. Mit der feingeschnittenen Zwiebel im Fett andünsten, bis es zusammenfällt. Mit der Fleischbrühe und dem Weißwein oder Most ablöschen. Gewürze und etwas Essig daruntermischen und zugedeckt in etwa 1½ Stunden weich kochen. Den Speck in Würfel schneiden, anbraten und vor dem Anrichten über das Kraut geben. Dazu Salzkartoffeln reichen.

Krautsalat

*1 kg Kartoffeln, 500 g Weißkraut,
2 EL Öl, 50 g Speckwürfel oder
Grieben.*

*Marinade: Salz, Pfeffer, Essig,
warmes Wasser, Öl.*

Die Kartoffeln kochen, schälen und in
dünne Scheiben schneiden. Das
Weißkraut fein hobeln und im Öl hellbraun anrösten. Kartoffeln, Weißkraut
und die angebratenen Speckwürfel
oder Grieben gut vermischen und mit
der Marinade übergießen. Nochmals
gut durchmischen und warm auftragen. Wird meistens zu Schweinebraten gegessen.

Linsen

*250 g Linsen, ¾ l Wasser, ⅛ l guter
Rotwein, Einbrenne (Seite 42).*

Die Linsen über Nacht in dem Wasser
und dem Rotwein einweichen, dann
darin weich kochen. Die Einbrenne
zubereiten, dazu mit der Kochflüssig-
keit der Linsen ablöschen. Die Linsen
zugeben und etwa 10 Minuten durchkochen lassen. Mit Spätzla und Saitenwürstle servieren.

Kohlräbla

*5–6 Kohlrabi, 40 g Butter, 2 EL Mehl,
ca. ¾ l Wasser (möglichst vom
Kochwasser der Kohlrabi), Salz,
geriebene Muskatnuß, Streuwürze.*

Die Kohlrabi schälen, vierteln und in
dünne Scheiben schneiden. In wenig
Salzwasser oder im Dampfdrucktopf
garen. Die zarten Kohlrabiblätter in
dünne Streifen schneiden. In der zerlassenen Butter das Mehl hellgelb an-
schwitzen, mit dem Wasser ablöschen, mit dem Schneebesen gut
durchrühren und aufkochen lassen.
Mit Salz, Muskatnuß und Streuwürze
abschmecken und noch etwa 5 Minuten durchkochen lassen. Die Kohlrabi-
scheiben und Blätterstreifen hineingeben und nochmals aufkochen lassen.
Dazu gibt es Spätzla oder Salzkartoffeln und Saitenwürstle.

Saure Bohnen

*500 g grüne Schnitt- oder
Brechbohnen, Einbrenne
(Seite 42),
2 Stengel Bohnenkraut.*

Die Bohnen waschen, putzen und zerkleinern. In Salzwasser oder im
Dampfdrucktopf nicht zu weich garen. Inzwischen die Einbrenne zubereiten. Die fertigen Bohnen und das
Bohnenkraut in die Soße geben und
noch etwa 10 Minuten durchkochen
lassen. Dazu reicht man Spätzla und
Saitenwürstle.

Variation
Anstelle von grünen Bohnen können
auch Bohnenkerne (Bollabohna), weiße oder von Feuerbohnen, genommen werden. Diese dann über Nacht
einweichen und in dem Einweichwasser weich kochen.

Gmües ond Kartoffla

Gold ond Silber

200 g weiße Bohnen, 400 g Möhren, 375 g Rindfleisch, 400 g Kartoffeln, Salz, Essig, evtl. ½ Würfel klare Brühe, 1 Zwiebel, 50 g Speckwürfel.

Die Bohnen über Nacht in gut 1 l Wasser einweichen. Am nächsten Tag zum Kochen bringen und etwa 30 Minuten kochen lassen. Möhren und Rindfleisch in Würfel schneiden und zu den Bohnen geben. Weitere 30 Minuten kochen, dann die gewürfelten Kartoffeln zugeben und gar kochen. Der Eintopf sollte nicht zu dickflüssig sein, notfalls noch etwas Wasser nachgießen. Mit Salz, Essig und evtl. klarer Brühe abschmecken. Feingeschnittene Zwiebel und Speckwürfel anbräunen und darüber verteilen. Gesamtkochzeit etwa 1½ Stunden.

Gaisburger Marsch, Kartoffelschnitz ond Spätzla

375 g mageres Suppenfleisch, 1 Bund Suppengemüse, Salz, 4 Pfefferkörner, 1 Lorbeerblatt, 1 l Wasser, 1 Grundrezept Spätzla (Seite 30), 8 mittelgroße, festkochende Kartoffeln, geriebene Muskatnuß, Petersilie und Kerbel.

Das Suppenfleisch mit dem geputzten Suppengemüse, Salz, Pfefferkörner und Lorbeerblatt im kalten Wasser aufsetzen, zum Kochen bringen und auf kleiner Hitze gar kochen. Inzwischen die Spätzla zubereiten. Die Kartoffeln schälen und in Würfel schnei-

den. Das fertiggekochte Fleisch aus der Brühe nehmen und diese absieben. Dann die Kartoffelwürfel darin weich kochen. Das Fleisch in mundgerechte Stücke schneiden und mit den Spätzla zu den Kartoffeln in die Brühe geben. Gut durchmischen und kurz aufkochen. Mit Muskatnuß abschmecken. Gehackte Petersilie und Kerbel darüberstreuen und auftragen. Zubereitungszeit ca. 1¾ Stunden.

Hinweise

Im Dampfdrucktopf zubereitet, schmeckt der Gaisburger Marsch kräftiger, außerdem sparen Sie Zeit.
Die Spätzla können auch extra serviert werden, so daß sich jeder selbst seine Portion mischen kann.
Eine alte, schwäbische Regel besagt, daß der Gaisburger Marsch nur dann richtig zubereitet ist, wenn man beim Essen ins Schwitzen kommt.

Buttersoß

30 g Butter, 1 EL Mehl, gut ¼ l Gemüse- oder Fleischbrühe, Salz, Pfeffer, Zitronensaft oder 1 Eigelb.

In der zerlassenen Butter das Mehl ganz leicht gelblich dünsten. Mit der Brühe ablöschen und mit Salz und Pfeffer würzen. Die Soße etwa 5 Minuten gut durchkochen lassen. Vor dem Anrichten ein paar Tropfen Zitronensaft oder 1 Eigelb darunterrühren. Nicht mehr aufkochen lassen.

Foto Seite 50/51: Herrgottswinkel im Grieshof (Bauernhofmuseum Illerbeuren)

Schwäbische Kost

A Kräutle und a schweinigs Fleisch
Und Knöpfla in der Brüeh, –
Dös wenn ma aus der Kuche bringt,
Vertlaufet d'Schwaba nie.

Gar manche möget d'Knöpfla it,
Und's Schweinig it und's Kraut, –
Ma braucht halt au a schwäbisch Gmüet,
Daß ma die Speis verdaut.

Im Kämi, wenn ma's Säule hat
Und's Kräutle in der Kuef,
Wenn Mehl gnue in der Truha ist
Hat's Haus en gueta Ruef.

A sölles Essa ist a Staat
Und besser – ohne G'späß –
Als Schnepfedreck und Caviar
Und all dös Teufelsg'fräß.

Hyazinth Wäckerle

Floisch ond Innereia

Bei de arme Leit muaß ma
s'kocha learna
ond bei de reiche s'spara.

Fleisch stand früher bei dem größten Teil der Bevölkerung selten auf dem Tisch – und wenn, dann bekam meistens nur das Familienoberhaupt davon zu essen. Deshalb wahrscheinlich auch die Vorliebe der Schwaben für Soße und Gefülltes; damit hatten die übrigen Familienmitglieder wenigstens den Geschmack vom Fleisch. Ein typisches schwäbisches Fleischgericht ist Ei'gmachts Kalbfleisch, zartes Fleisch in einer hellen Soße. Eher gab es schon mal Innereien: Saure Leber, Saure Nierla, auch Kuttla, sauer oder geröstet.

Kalbsrahmbraten

1 kg Kalbfleisch, Salz, Pfeffer,
3 EL Öl oder Butterschmalz,
1 Zwiebel, 1 Möhre, 1 Stück Sellerie,
1 Tomate, 1 EL Mehl, 1 Salbeiblatt,
Wasser je nach gewünschter
Soßenmenge, 1 Becher Crème fraîche.

Das Fleisch waschen, abtrocknen und
mit Salz und Pfeffer gut einreiben. Im
heißen Fett von allen Seiten schön
braun anbraten. Das Fleisch aus dem
Topf nehmen und das grob zerkleinerte Gemüse im Fett leicht anbräunen. Mehl darüberstäuben und nochmals kurz weiterbräunen. Mit Wasser
nach und nach ablöschen. Fleisch und
Salbeiblatt in die Soße legen und den
Braten unter öfterem Begießen weich
schmoren lassen. Danach die Soße
durch ein Sieb gießen und Crème
fraîche darunterrühren. Schmorzeit etwa 1½ Stunden. Als Beilagen Spätzla
und Salat oder Gemüse dazu reichen.

G'füllte Kalbsbrust

Füllung: 1 alte Semmel,
1 Zwiebel,
3 Stengel Petersilie,
1 EL Öl, 1 EL Butter,
200 g Brät, 1 Ei,
Salz, Pfeffer,
geriebene Muskatnuß,
1 EL Semmelbrösel.

1 kg Kalbsbrust (vom Metzger
vorgerichtet), Salz, Pfeffer,
4 EL Öl, 1 Bund Suppengemüse,
¼ l Fleischbrühe, 1 TL Speisestärke.

Die Semmeln in kaltem Wasser einweichen, gut ausdrücken und fein verzupfen. Zwiebel und Petersilie fein
hacken und in dem Öl andünsten. Die
Butter schaumig rühren, das Brät zugeben und darunterrühren. Dann die
übrigen Zutaten der Füllung hineingeben und gut vermischen.
Die Kalbsbrust innen und außen salzen und pfeffern, mit der Brätmasse
füllen und zunähen. Das Öl im Bräter
erhitzen und die Kalbsbrust und das
geputzte Suppengemüse hineinlegen.
Bei 220 °C etwa 20 Minuten im Ofen
braten, dann die Fleischbrühe zugießen und den Braten öfters damit begießen. Bratzeit etwa 2 Stunden. Die
Kalbsbrust herausnehmen und auf einer Platte warm stellen. Die Speisestärke mit wenig kaltem Wasser anrühren, in den Bratensatz einrühren
und aufkochen lassen. Die Soße
durchsieben, die Kalbsbrust in Scheiben schneiden. Dazu reicht man Kartoffelsalat mit Endivien.

Ei'gmachts Kalbfleisch

40 g Butter, 2 EL Mehl, 1 kleine
Zwiebel, Petersilie, ½ l Wasser,
⅛ l Weißwein, Saft und Schale von
½ unbehandelten Zitrone,
3 Pfefferkörner, 2 Nelken,
1 kleines Lorbeerblatt, Salz, Pfeffer,
500 g Kalbfleisch (Schlegel, Brust oder
Bug), Speisestärke oder Crème fraîche
nach Bedarf.

In der zerlassenen Butter das Mehl
hell andünsten, die feingehackte
Zwiebel und Petersilie kurz mitdün-

sten und dann mit dem Wasser ablöschen. Weißwein und Gewürze zugeben und zum Kochen bringen. Das in Würfel geschnittene rohe Fleisch in die Soße geben und in etwa 1 Stunde weich kochen. Vor dem Anrichten die Gewürze herausnehmen. Die Soße soll schön sämig sein, notfalls mit Speisestärke oder Crème fraîche nachdicken. Dazu reicht man Spätzla oder Reis und Salat.

Andere Art

Das Fleisch in Würfel schneiden. Zwiebel und Petersilie fein hacken und mit dem Fleisch in der Butter hell andünsten. Das Mehl darüberstäuben und kurz mitdünsten. Mit dem Wasser ablöschen, Wein und Gewürze zugeben und zugedeckt etwa 1 Stunde kochen lassen. Vor dem Anrichten die Gewürze herausnehmen.

Schwäbischer Rostbraten

4 Scheiben Rindfleisch (Roastbeef),
50 g Butter oder Butterschmalz,
1 große Zwiebel,
Salz, Pfeffer,
½ EL Mehl, ¼ l Wasser.

Das Fleisch klopfen und die äußere Haut mehrmals einschneiden, damit sich das Fleisch beim Braten nicht einrollt. Die Butter in der Pfanne erhitzen, das Fleisch hineinlegen und von jeder Seite 3 Minuten braten. Anschließend mit Salz und Pfeffer würzen und auf einer vorgewärmten Platte warm stellen. Die in Scheiben geschnittene Zwiebel schön braun anrösten und

über das Fleisch verteilen. Mehl in die Pfanne streuen und anrösten, mit dem Wasser ablöschen und nachwürzen. Die Soße extra servieren (das Fleisch darf nicht mehr in der Soße kochen, sonst wird es zäh!). Dazu reicht man Spätzla und Salat oder Sauerkraut.

Siedfleisch

1 Bund Suppengemüse,
ein paar Knochen,
1½ l Wasser,
1 EL Salz, 500 g Rindfleisch
(Tafelspitz, Brustkern).

Das geputzte Suppengemüse und die zerkleinerten Knochen mit kaltem Wasser aufsetzen und zum Kochen bringen. Salz und das gewaschene Fleisch hineingeben und zugedeckt in etwa 2 Stunden (im Dampfdrucktopf ca. 30 Minuten) gar kochen. Die Fleischbrühe für Suppe verwenden. Das Fleisch in Scheiben schneiden und mit Meerrettichsoße und Salzkartoffeln servieren, oder kalt zum Vesper und für Tellersulz.

Meerrettichsoß

1 Rezept Buttersoße (Seite 49),
jedoch ohne Zitronensaft und Eigelb,
knapp ½ Stange geriebener roher
Meerrettich oder 2 TL Meerrettich aus
dem Glas.

Den Meerrettich in die fertiggekochte Buttersoße einrühren und nochmals kurz aufwallen lassen.

Katzag'schrei

Gekochtes Siedfleisch, auch
Reststücke (Seite 55), 2 EL Öl,
1 Zwiebel,4 Eier, Salz, Pfeffer.

Das Fleisch in kleine Würfel schneiden. Das Öl in der Pfanne erhitzen
und die feingeschnittene Zwiebel darin andünsten. Die Eier in einer Schüssel verquirlen, das Fleisch, Salz und
Pfeffer darunterrühren, in die Pfanne
gießen und knusprig anrösten. Mit
grünem Salat servieren.

Haschee

Etwa 300 g gekochtes Siedfleisch
oder andere Fleischreste,
½ Rezept saure Brühe (Seite 42),
1 kleine Zwiebel.

Die Fleischreste durch den Fleischwolf
drehen. Die saure Brühe zubereiten,
jedoch die feingeschnittene Zwiebel
mitanrösten. Das durchgedrehte
Fleisch in der Soße kurz aufkochen
lassen. Mit Salzkartoffeln und grünem
Salat servieren.

Sauerbrota

500 g Rindfleisch, Salz, Pfeffer,
1 Zwiebel, 1 Stück Schwarzbrotrinde,
3 EL Öl, 1 EL Mehl, 3 EL Crème fraîche.

Beize: ½ l Wasser, ¼ l Rotwein,
4 EL Essig, 1 Bund Suppengemüse,
5 Pfefferkörner, 2 Nelken,
1 Lorbeerblatt, 1 Zitronenscheibe.

Das Fleisch waschen, abtrocknen und
in eine enge, hohe Schüssel legen. Die
Zutaten für die Beize ohne Rotwein
aufkochen, abkühlen lassen und dann
erst den Wein zugießen. Die Beize
über das Fleisch gießen, so daß es gut
bedeckt ist. Zugedeckt und kühl
2–3 Tage stehen lassen. Danach das
Fleisch herausnehmen, abtrocknen
und mit Salz und Pfeffer würzen. Mit
der feingeschnittenen Zwiebel, dem
abgetropften Suppengemüse (aus der
Beize) und der Brotrinde im heißen Öl
schön braun anbraten. Mehl darüberstäuben und kurz mitrösten. Dann mit
der Beize ablöschen, je nach gewünschter Soßenmenge mehr oder
weniger. Den Topf zudecken und das
Fleisch in etwa 1¾ Stunden weich
schmoren lassen. Vor dem Anrichten
die Soße durchsieben und die Crème
fraîche darunterrühren. Dazu reicht
man Spätzla und Salat.

Kesselfleisch
Gekochtes Schweinefleisch

1½ l Wasser, 1 Bund Suppengemüse,
1 EL Salz, 2 Nelken, 5 Pfefferkörner,
½ Lorbeerblatt, 3 Wacholderbeeren,
500 g Schweinefleisch (Bauch, Brust,
Bug oder Haxen).

Das Wasser mit dem geputzten Suppengemüse und den Gewürzen zum
Kochen bringen. Das gewaschene
Fleisch hineinlegen und in etwa
2 Stunden gar kochen. Anschließend
das Fleisch in Scheiben schneiden
und zu Sauerkraut servieren oder kalt
zum Vesper essen.

Falscher Has'
Hackbraten

Foto

1 große Zwiebel, 1 Bund Petersilie,
4 EL Öl, 1 alte Semmel,
500 g Hackfleisch, Salz, Pfeffer,
Majoran, 1 Ei, evtl. Semmelbrösel,
3–4 hartgekochte Eier,
3 Scheiben Bauchspeck,
¼ l Fleischbrühe,
1 TL Speisestärke.

Feingehackte Zwiebel und Petersilie in 1 EL Öl andünsten. Die Semmel in kaltem Wasser einweichen, gut ausdrücken und zerzupfen. Das Hackfleisch in einer Schüssel mit den Gewürzen, Ei und der zerzupften Semmel gut zusammenmischen. Sollte der Teig zu weich sein, noch Semmelbrösel daruntermischen. Den Fleischteig zu einem Rechteck ausdrücken, die hartgekochten Eier der Länge nach darauflegen und den Teig darüberklappen. Mit beiden Händen alles gut zusammendrücken. Das restliche Öl im Bräter erhitzen, den Hackbraten hineinlegen, die Oberfläche mit den Speckscheiben abdecken und bei 220 °C im Ofen etwa 1¼ Stunden braten. Nach 20 Minuten die Fleischbrühe zugießen und unter öfterem Begießen den Braten knusprig braten. Die Speisestärke in wenig kaltem Wasser anrühren, die Soße damit binden und abschmecken. Den Hackbraten in Scheiben schneiden und mit Kartoffelsalat servieren.

Lammrücken

Foto

Für ca. 10 Personen
1 Lammrücken (2–2½ kg),
Salz, Pfeffer,
60 g Butter oder Butterschmalz,
12 Scheiben Bauchspeck, 1 Zwiebel,
1 Bund Suppengemüse,
⅛ l Fleischbrühe oder Wasser,
etwas Thymian oder Majoran,
2 Becher saure Sahne,
1 EL Speisestärke.

Das Fleisch gut waschen, abtrocknen und mit Salz und Pfeffer einreiben. Das Fett im Bräter erhitzen, den Lammrücken hineinlegen und mit den Speckscheiben belegen. Grob zerkleinerte Zwiebel und Suppengemüse zugeben und im vorgeheizten Backofen bei 220 °C braten. Nach 20 Minuten die Fleischbrühe zugießen, Thymian oder Majoran zugeben und das Fleisch unter öfterem Begießen braten. 10 Minuten vor Bratende das Fett abschöpfen und 1 Becher saure Sahne über den Lammrücken gießen. Die Speisestärke in der restlichen Sahne anrühren, in den Bratsatz einrühren, die Soße durchsieben und abschmecken. Bratzeit etwa 1½ Stunden. Dazu Kartoffellaible und Salat oder gedämpftes Gemüse servieren.

Lammfrikassee

500 g Lammfleisch
(von der Brust ohne Knochen),
40 g Butter,
2 EL Mehl,
1 kleine Zwiebel, Petersilie,
⅜ l Wasser,
⅛ l Weißwein,
Saft und Schale
von ½ unbehandelten Zitrone,
3 Pfefferkörner,
2 Nelken,
1 kleines Lorbeerblatt,
Salz, Pfeffer,
evtl. Speisestärke oder
Crème fraîche.

Das Fleisch in mundgerechte Würfel schneiden. In der zerlassenen Butter das Mehl hell andünsten, die feingehackte Zwiebel und Petersilie kurz mitdünsten und dann mit dem Wasser ablöschen. Weißwein und die Gewürze zugeben und zum Kochen bringen. Das Fleisch in die Soße geben und in etwa 1 Stunde weich kochen. Vor dem Anrichten die Gewürze herausnehmen. Die Soße soll schön sämig sein, notfalls mit Speisestärke oder Crème fraîche nachdicken. Dazu Ulmer Knödl und Salat reichen.

G'füllte Lamm- oder Hammelbrust

Etwa 1 kg Lamm- oder Hammelbrust
(vom Metzger eine Tasche
einschneiden lassen),
Salz, Pfeffer, 4 EL Öl,
1 Bund Suppengemüse,
¼ l Fleischbrühe,
1 TL Speisestärke.

Füllung: 1 alte Semmel, 1 Ei,
1 kleine Zwiebel, Petersilie,
1 EL Öl, 1 EL Butter,
100 g Brät, Salz, Pfeffer,
geriebene Muskatnuß,
evtl. Semmelbrösel.

Die Semmel in kaltem Wasser einweichen, gut ausdrücken und fein verzupfen. Zwiebel und Petersilie fein hacken und in dem Öl andünsten. Die Butter schaumig rühren, das Brät zugeben und darunterrühren. Dann die übrigen Zutaten hineingeben und gut vermischen.
Die Lammbrust innen und außen salzen und pfeffern, mit der Brätmasse füllen und zunähen. Das Öl im Bräter erhitzen und die Lammbrust sowie das geputzte Suppengemüse hineinlegen. Bei 220 °C etwa 20 Minuten im Ofen braten, dann die Fleischbrühe zugießen und den Braten öfters damit begießen. Bratzeit etwa 2 Stunden. Das Fleisch auf einer Platte warm stellen. Die Speisestärke mit wenig kaltem Wasser anrühren, in den Bratsatz einrühren und aufkochen lassen, durchsieben. Die Lammbrust in Scheiben schneiden. Dazu reicht man Kartoffelsalat und Weißbrot.

Hammelragout
Schwäbische Alb, Stuttgart

500 g Hammelfleisch
(Brust, Hals),
Salz,
Pfeffer,
3 EL Öl,
1 Zwiebel,
2 Knoblauchzehen,
1 EL Mehl,
½ l Fleischbrühe,
⅛ l Weißwein,
1 EL Essig,
2 EL Tomatenmark,
500 g Möhren,
500 g Kartoffeln,
evtl. 1 EL Kümmel.

Das Fleisch gut waschen, abtrocknen,
in größere Stücke zerteilen und mit
Salz und Pfeffer würzen. Das Öl im
Bratentopf erhitzen, die feingeschnittene Zwiebel und die zerdrückten
Knoblauchzehen darin andünsten.
Die Fleischstücke zugeben und anbraten. Das Mehl darüberstäuben, mitbräunen und mit der Fleischbrühe
und dem Weißwein ablöschen. Essig
und Tomatenmark darunterrühren
und zugedeckt kochen lassen. Möhren und Kartoffeln in ca. 2 cm große
Würfel schneiden. Nach 1 Stunde
Kochzeit die Möhren zugeben, nach
weiteren 30 Minuten die Kartoffeln.
Alles zusammen fertiggaren. Nach
Geschmack kann vor dem Anrichten
noch Kümmel untergemischt werden.
Gesamtkochzeit etwa 1¾ Stunden.

Saure Nierla

400 g Kalbsnieren,
40 g Butter oder Butterschmalz,
1 große Zwiebel,
1 EL Mehl, ⅜ l Wasser oder
Fleischbrühe, Essig,
Salz, Pfeffer.

Die Nieren gut wässern (Fettreste
wegschneiden!), enthäuten und in
Streifen schneiden. Das Fett in einer
Pfanne erhitzen und die feingeschnittene Zwiebel darin glasig dünsten.
Das Mehl darüberstäuben und hellbraun rösten. Mit Wasser oder
Fleischbrühe ablöschen, Essig zugeben und mit Salz und Pfeffer abschmecken, 10 Minuten durchkochen
lassen. Inzwischen die Nieren in Butter
rasch anbräunen, etwa 5 Minuten auf
kleiner Hitze weiterschmoren lassen.
Dann in die fertiggekochte Soße geben und sofort servieren. Die Nieren
dürfen nicht mehr mit aufkochen,
sonst werden sie zäh. Mit Salzkartoffeln und grünem Salat reichen.

Saure Kuttla

500 g Kutteln, Salz,
1 Rezept saure Brühe (Seite 42).

Die Kutteln sauber waschen, in Salzwasser weich kochen und in feine
Streifen schneiden. Saure Brühe zubereiten, die Kuttelstreifen hineingeben
und etwa 10 Minuten durchkochen
lassen. Mit Bratkartoffeln servieren. In
manchen Gegenden werden auch
Spätzla dazu gegessen.

Saure Leber
Foto

*40 g Butter oder Butterschmalz,
1 große Zwiebel,
400 g geschnetzelte Leber, 1 EL Mehl,
⅜ l Wasser oder Fleischbrühe,
2 EL Essig, Salz, Pfeffer,
Majoran.*

Das Fett in der Pfanne erhitzen und
die feingeschnittene Zwiebel darin
andünsten. Die Leber dazugeben und
mitdünsten, bis sie nicht mehr roh
aussieht. Das Mehl darüberstäuben
und alles leicht anbräunen. Mit Wasser oder Fleischbrühe ablöschen, den
Essig darunterrühren und zugedeckt
in etwa 15 Minuten weich schmoren.
Erst dann mit den Gewürzen abschmecken, sonst wird die Leber zäh
und hart. Mit Salzkartoffeln und grünem Salat servieren.

G'röschtete Kuttla

*500 g Kutteln, weich gekocht
und in Streifen geschnitten,
2 EL Öl,
2 Eier,
Salz, Pfeffer,
Petersilie.*

Die Kuttelstreifen im heißen Öl anrösten. Die Eier mit Salz und Pfeffer verquirlen und über die Kutteln gießen. Mit zwei Gabeln durchmischen und weiterrösten, bis die Eiermasse gestockt ist. Mit gehackter Petersilie bestreuen und mit grünem Salat servieren.

Bachene Briesle

*2 Kalbsbriesle,
Salz,
1 Ei, Semmelbrösel,
Öl zum Backen.*

Die Briesle gut wässern. Dann in kaltem Salzwasser aufsetzen, zum Kochen bringen und etwa 15 Minuten langsam kochen lassen. Herausnehmen, abkühlen lassen und sorgfältig häuten. In fingerdicke Scheiben schneiden und in dem verquirlten Ei und den Semmelbröseln wenden. Im heißen Öl schön braun backen. Dazu grünen Salat reichen.

Briesle in Buttersoß

*2 Kalbsbriesle, Salz, 50 g Butter,
2 EL Mehl, ⅜ l Fleischbrühe,
⅛ l Weißwein, Pfeffer,
1 kleines Lorbeerblatt,
1 Nelke, 1 Zitronenscheibe,
1 EL Crème fraîche.*

Die Briesle gut wässern, in kaltem Salzwasser zum Kochen bringen und etwa 15 Minuten kochen lassen. Herausnehmen, abkühlen lassen und sorgfältig häuten. Dann in mundgerechte Stücke schneiden. Die Butter erhitzen, das Mehl leicht darin andünsten und mit der Brühe ablöschen. Den Weißwein und die Gewürze zugeben und das Ganze etwa 5 Minuten durchkochen lassen. Die Brieslestücke hineingeben, kurz aufkochen und Crème fraîche unterrühren. Mit Spätzla oder Reis und Salat servieren.

Blut- ond Leberwürscht

Frische Blut- und Leberwürste gibt es nur im Herbst und im Winter. Sie werden meistens zu Sauerkraut gegessen. Dazu macht man die Würste in Wasser heiß oder legt sie einfach ein paar Minuten auf das fertiggekochte Sauerkraut. Im Teller wird die Wurst an einem Ende aufgeschnitten und die ganze Masse herausgedrückt.

G'flügl ond Wild

Geflügel hat es schon immer gegeben, denn schließlich brauchte man die Eier. Und für ein paar Hühner, Enten und Gänse war überall Platz.

Anders war es beim Wild. Wenn der Vater oder ein anderes männliches Familienmitglied nicht gerade Wilderer war, gab es nie oder höchst selten Wildbret, denn das Jagdrecht galt lange Zeit nur für die oberen Gesellschaftsschichten. Bei Hofe dagegen gab es Wildbraten in vielen Variationen, so zum Beispiel Wildschweinkeule mit Feigen. Dieses Rezept stammt sicher von einer der Italienerinnen, die sich viele Grafen und Herzöge als Ehefrauen nach Schwaben geholt haben. Und wie wir aus dem St. Gallener Klosterplan ersehen, wurden verschiedentlich auch Feigenbäume angepflanzt.

Liabr me essa,
als zwenig trinka.

Suppahenn

1 küchenfertiges Suppenhuhn,
1 Bund Suppengemüse,
3 l Wasser, 3 EL Salz.

Das Suppenhuhn innen und außen sauber waschen. Mit dem geputzten Suppengemüse im Salzwasser in ca. 3 Stunden gar kochen. Die Brühe zu Nudelsuppe verwenden. Das Fleisch von den Knochen lösen und zu der Suppe reichen. Oder als Frikassee mit einer hellen Soße und Reis als selbständige Mahlzeit servieren.

G'fülltes Göckele

1 Hähnchen von ca. 1000 g, Salz,
Pfeffer, 4 EL Öl.

Füllung: 1 alte Semmel,
1 kleine Zwiebel,
Petersilie, 1 EL Öl,
Leber und Herz des Hähnchens,
150 g Brät, Salz, Pfeffer.

Das Hähnchen sauber waschen und abtrocknen. Innen und außen leicht salzen und pfeffern.
Die Semmel in kaltem Wasser einweichen, gut ausdrücken und fein verzupfen. Die feingehackte Zwiebel und Petersilie in dem Öl andünsten. Die Leber schaben und das Herz klein schneiden. Alle Füllzutaten zu einem glatten Teig zusammenrühren, in das Hähnchen füllen und zunähen oder mit Zahnstochern zustecken.
Das Öl im Bräter erhitzen, das gefüllte Hähnchen mit dem Rücken nach oben hineinlegen und im vorgeheizten Ofen bei 200–250 °C unter häufigem Einpinseln mit Öl schön braun braten. Das Hähnchen umdrehen und die Brustseite ebenfalls braun braten. Gesamtbratdauer etwa 1½ Stunden. Dazu paßt sehr gut Kartoffelsalat mit Endivien oder Gurken.

Gansbrota

1 küchenfertige Gans von ca. 3–4 kg,
Salz, Pfeffer,
ca. 500 g säuerliche Äpfel,
½ l Fleischbrühe,
1 Stengel Beifuß oder
½ TL getrockneter Beifuß,
2 TL Speisestärke.

Die Gans waschen, abtrocknen und innen und außen leicht mit Salz und Pfeffer einreiben. Die Äpfel in kleine Stücke schneiden, in die Gans füllen und mit ein paar Stichen zunähen.
¼ l Fleischbrühe in den Bräter gießen, Beifuß zufügen und die Gans mit der Brustseite nach unten hineinlegen. Unter mehrmaligem Begießen mit der Brühe etwa 1 Stunde im vorgeheizten Ofen bei 200 °C braten, dann die Gans umdrehen und fertigbraten. Bratzeit etwa 2½–3 Stunden. 15 Minuten vor Ende der Bratzeit auf 225 °C schalten. Die Gans auf eine Platte legen und warm stellen. Das Fett abgießen und mit der restlichen Brühe den Bratensatz lösen. Die Speisestärke mit wenig kaltem Wasser anrühren, in die Soße einrühren, aufkochen lassen und abschmecken. Dazu reicht man Ulmer Knödl und Blaukraut.

Entabrota

Foto

1 küchenfertige junge Ente von ca.
2 kg, Salz, Pfeffer, 1 Bund Petersilie
oder 1 kleiner Tannenzweig,
½ l Fleischbrühe, 2 TL Speisestärke.

Zubereitung wie bei Gans, jedoch anstelle der Äpfel die Petersilie oder
den Tannenzweig in die Bauchhöhle
legen. Bratzeit ca. 2 Stunden bei
200–225 °C. Dazu Knödel und Blaukraut (oder Rosenkohl) reichen.

65

G'füllte Täubla

*4 küchenfertige Täubchen, Salz,
Pfeffer, 2 EL Öl.*

*Füllung: 3 alte Semmeln,
1 kleine Zwiebel, Petersilie, 1 EL Öl,
Leber und Herzen der Tauben,
50 g Brät, 2 Eier, Salz, Pfeffer,
etwas Majoran und Thymian.*

Die Täubchen sauber waschen und
abtrocknen. Innen und außen leicht
salzen und pfeffern.
Die Semmeln in kaltem Wasser einweichen, gut ausdrücken und fein verzupfen. Die feingehackte Zwiebel und
Petersilie in dem Öl andünsten. Die
Leber schaben und die Herzen klein
schneiden. Alle Füllzutaten zu einem
glatten Teig zusammenrühren, in die
Täubchen füllen und zunähen oder
mit Zahnstochern zustecken.
Das Öl im Bräter erhitzen, die gefüll-
ten Täubchen mit dem Rücken nach
oben hineinlegen und unter häufigem
Einpinseln mit Öl im vorgeheizten
Ofen bei 200–225 °C schön braun
braten. Die Täubchen umdrehen und
die Brustseiten ebenfalls braun braten. Bratzeit etwa 50 Minuten. Dazu in
Butter geschwenkte Kartoffeln und einen frischen Salat reichen.

Fasanenragout

*2 küchenfertige Fasanen, 60 g Butter,
300 g Champignons, 2 EL Mehl,
⅜ l Instant-Hühnerbrühe, ⅛ l Rotwein,
½ TL getrockneter Majoran, Salz,
Pfeffer, 1 Becher Crème fraîche.*

Die Fasanen waschen, abtrocknen
und jeweils in 4 Stücke zerteilen. In
der erhitzten Butter von allen Seiten
schön anbraten. Die Champignons
waschen, putzen, halbieren und zum
Fleisch geben. Das Mehl darüberstäuben, kurz mitbräunen und mit der
Hühnerbrühe und dem Rotwein ablöschen. Den Majoran einstreuen, alles
gut umrühren und auf kleiner Hitze
30 Minuten garen. Mit Salz und Pfeffer
abschmecken und Crème fraîche darunterrühren. Nicht mehr aufkochen!
Mit Knödl oder Spätzla und grünem
Salat servieren.

Rebhuhn, gedämpft
auf Sauerkraut

*4 junge, küchenfertige Rebhühner,
Salz, 8 dünne Scheiben Bauchspeck,
¾ l Wasser,
¼ l Weißwein,
1 Bund Suppengemüse,
1 kleine Zwiebel,
3 Wacholderbeeren,
2 Nelken,
1 Zitronenscheibe,
1 kleines Lorbeerblatt,
3–5 Pfefferkörner.*

*Sauerkraut: Zutaten und Zubereitung
wie Seite 46, jedoch anstelle der
Fleischbrühe die Rebhuhnbrühe zum
Ablöschen nehmen.*

Die Rebhühner innen und außen gut
waschen, abtrocknen, mit Salz einreiben und mit den Speckscheiben umwickeln. Wasser, Weißwein, Suppengemüse und Gewürze zum Kochen

bringen. Die Rebhühner hineinlegen und zugedeckt bei kleiner Hitze 15 Minuten kochen lassen. Inzwischen das Sauerkraut zubereiten. Die vorgekochten Rebhühner auf das Sauerkraut legen und in etwa 10 Minuten fertigdämpfen. Dazu Buabaspitzla oder Schupfnudla servieren.

Rebhuhn, gebraten

4 junge, küchenfertige Rebhühner, Salz, 8 dünne Scheiben Bauchspeck, 1 kleine Zwiebel, 50 g Butter, ¼ l Instant-Hühnerbrühe.

Füllung: Je Rebhuhn 1 kleines Stück Butter, 2 Wacholderbeeren, 3 Pfefferkörner, 2–3 Stengel Petersilie.

Die Rebhühner außen und innen gut waschen, abtrocknen und mit Salz einreiben. In jedes Rebhuhn Butter und die Gewürze einfüllen. Mit den Speckscheiben umwickeln und in den Bräter legen. Die grob zerkleinerte Zwiebel darum verteilen und alles mit der zerlassenen Butter übergießen. Im Backofen bei 220 °C braten. Nach und nach die Hühnerbrühe zugeben und dabei die Rebhühnchen begießen. Nach 20 Minuten den Speck entfernen und die Rebhühner bei Oberhitze knusprig braten, etwa 10 Minuten. Dazu schmecken sehr gut Apfelküechle (anstelle von Milch den Teig jedoch mit Wein oder Bier zubereiten).

Hasenpfeffer

Beize: ¾ l Wasser, ¹⁄₁₆ l Essig, 1 Bund Suppengemüse, 3–5 Pfefferkörner, 1 Lorbeerblatt, 2 Nelken, 3 Wacholderbeeren, 1 Zitronenscheibe, ¼ l guter Rotwein.

1 kg Hasenklein (Kopf, Hals, Vorderläufe, Bauchlappen, Herz, Leber), 3 EL Öl, 2 EL Speisestärke, 1 Stück Schwarzbrotrinde, Salz, Pfeffer, 1 Becher Crème fraîche.

Für die Beize Wasser, Essig, kleingeschnittenes Suppengemüse und Gewürze aufkochen, dann erst den Rotwein zugießen.

Das Hasenklein sauber waschen, wenn nötig enthäuten und zerkleinern und ohne die Leber in eine hohe, enge Schüssel legen. Mit der noch gut warmen Beize übergießen. Dadurch wird das Fleisch zarter und braucht nur etwa 12 Stunden in der Beize zu liegen. Danach das Fleisch sehr gut abtrocknen, würzen und mit der Leber im heißen Öl anbraten. Speisestärke darüberstreuen, kurz anbräunen und, je nach gewünschter Soßenmenge, mit mehr oder weniger Beize ablöschen (nach Geschmack noch 1 Tasse Hasenblut dazugeben). Die Brotrinde hineinlegen und zugedeckt etwa 1¼ Stunden schmoren lassen. Die Soße vor dem Anrichten durchsieben, mit Salz und Pfeffer abschmecken und Crème fraîche darunterrühren. Dazu Spätzla oder Kartoffelpüree und Salat servieren.

Hasenrücken

1 Hasenrücken, Salz, Pfeffer,
8 Scheiben Bauchspeck,
60 g Butter, 1 Zwiebel,
2 Becher saure Sahne,
1 EL Speisestärke.

Beize: ½ l guter Rotwein,
1 Zwiebel,
1 Bund Suppengemüse,
3 Wacholderbeeren.

Den Hasenrücken häuten und in eine tiefe, längliche Form legen. Zwiebel und Suppengemüse grob zerkleinern und dazugeben, ebenso die zerdrückten Wacholderbeeren. Rotwein darübergießen und das Fleisch gut 1 Tag unter mehrmaligem Umdrehen in der Beize liegen lassen. Anschließend gut abtrocknen und mit Salz und Pfeffer einreiben. Den Hasenrücken in den Bräter legen, mit den Speckscheiben belegen und mit der zerlassenen Butter übergießen. Bei 220 °C im Backofen etwa 15 Minuten unter öfterem Begießen mit dem Bratfett braten. Danach die Speckscheiben vom Rücken nehmen und mit der geviertelten Zwiebel ins Bratfett legen. Den Hasenrücken nach und nach mit der sauren Sahne begießen und nochmals 20 Minuten braten. Das Fleisch wie einen Rehrücken aufschneiden und auf einer Platte warm stellen. Den Bratensatz mit etwas Beize loskochen (je nach gewünschter Soßenmenge). Die Speisestärke mit wenig Wasser anrühren und die Soße damit binden. Mit Spätzla oder Knödl und Gemüse servieren.

Rehgulasch

500 g Rehfleisch, Salz, Pfeffer,
1 Zwiebel, 40 g Butter, 2 EL Mehl,
1 Tomate oder 1 EL Tomatenmark,
1 TL Paprikapulver, 1 kleines
Lorbeerblatt, ⅜ l Fleischbrühe,
⅛ l Rotwein, 2 EL Crème fraîche.

Das Fleisch waschen, abtrocknen, in Stücke schneiden und mit Salz und Pfeffer würzen. Die feingeschnittene Zwiebel und die Fleischwürfel in der erhitzten Butter gut anbraten. Das Mehl darüberstäuben und kurz mitbräunen. Die zerkleinerte Tomate, Paprikapulver und das Lorbeerblatt zugeben, umrühren und mit der Brühe und dem Rotwein ablöschen. Zugedeckt etwa 1½ Stunden schmoren, zuletzt Crème fraîche unterrühren. Mit Spätzla und Gemüse servieren.

Rehrücken   Foto

1 Rehrücken von ca. 1,5 kg,
1 l Buttermilch, Salz, Pfeffer,
6 Wacholderbeeren, etwas Cognac,
12 Scheiben durchwachsener Speck,
3 EL zerlassene Butter,
1 kleine Zwiebel, 1 Lorbeerblatt,
1 Becher saure Sahne, ¼ l Wasser,
1 EL Speisestärke, 4 EL Rotwein,
1 EL Johannisbeergelee.

Den Rehrücken waschen, enthäuten und zugedeckt 1 Tag in der Buttermilch liegen lassen. Danach gut abtrocknen und mit Salz, Pfeffer und den zerdrückten Wacholderbeeren einreiben. Mit etwas Cognac beträufeln,

aber nicht zuviel, sonst verliert das Rehfleisch seinen Geschmack! 15 Minuten einziehen lassen. Einen Bräter mit 6 Speckscheiben auslegen. Eine große Stricknadel ganz dicht am Rückgratknochen entlang (evtl. auf beiden Seiten) in den Rehrücken schieben, damit er sich beim Braten nicht wölbt. Den Rehrücken auf die Speckscheiben in den Bräter legen und mit den restlichen Speckscheiben belegen. Zerlassene Butter darübergießen. Im vorgeheizten Backofen bei 225 °C ca. in 25 Minuten unter häufigem Begießen mit dem Bratfett braten. Dann die Speckscheiben vom Rücken entfernen und ins Bratfett legen. Die geviertelte Zwiebel und das Lorbeerblatt ebenfalls hineinlegen.

Den Rehrücken mit der sauren Sahne übergießen oder einpinseln und in weiteren 25 Minuten fertigbraten. Das Fleisch auf einer Platte warm stellen. Den Bratensatz mit dem Wasser loskochen. Die Speisestärke mit dem Rotwein glattrühren und die Soße damit binden. Mit Johannisbeergelee und evtl. noch Salz und Pfeffer abschmecken.
Die Stricknadel aus dem Rehrücken entfernen. Das Fleisch mit einem scharfen Messer der Länge nach vom Rückgratknochen lösen, in Scheiben schneiden und zum Servieren wieder auf das Knochengerüst legen. Oder auch nur die Scheiben auf einer Platte schön anrichten. Mit Spätzla oder Kartoffellaible und Salat servieren.

Hirschgeschnetzeltes

*500 g Hirschfleisch, 1 große Zwiebel,
40 g Butter, Salz, Pfeffer, 1 TL Mehl,
¼ l Fleischbrühe, 200 g Pfifferlinge
(frisch oder aus der Dose),
2 EL Crème fraîche, Petersilie.*

Das Fleisch schnetzeln und mit der
feingeschnittenen Zwiebel in der Butter anbraten. Mit Salz und Pfeffer kräftig würzen, das Mehl darüberstäuben
und mit der Fleischbrühe aufgießen.
Pfifferlinge daruntermischen und auf
kleiner Hitze zugedeckt 40–50 Minuten garen. Crème fraîche unterrühren
und mit gehackter Petersilie bestreu-
en. Dazu Spätzla oder knusprig ge-
bratene Bratkartoffeln und Salat servieren.

Wildschweinbrota

Für etwa 10 Personen
*Beize: ¾ l Wasser, ¼ l Essig,
1 Bund Suppengemüse, 1 EL Salz,
2 Lorbeerblätter,
6 Pfefferkörner, 3 Nelken,
4 Wacholderbeeren,
¾ l Rotwein.*

*1 Wildschweinschlegel von ca.
2–2,5 kg, Salz, Pfeffer, 5 EL Öl,
2 Salbeiblätter, 1 kleiner Zweig oder
½ TL getrockneter Thymian,
2 EL Speisestärke,
2 Becher Crème fraîche.*

Für die Beize Wasser, Essig, kleingeschnittenes Suppengemüse und die
Gewürze aufkochen. Abkühlen lassen
und dann erst den Rotwein zugießen.
Das Fleisch unter fließendem Wasser
gut abbürsten, in eine Schüssel legen
und mit der Beize übergießen. Zugedeckt und kühl 2–3 Tage stehen lassen, dabei das Fleisch ein paarmal
umdrehen. Danach sehr gut abtrocknen, salzen und pfeffern. Den Schlegel in einen großen Bräter oder die
Fettpfanne des Backofens legen. Mit
dem Öl einpinseln und vorsichtig ½ l
von der Beize zugießen. Die Salbeiblätter zerteilen und auf das Fleisch legen, ebenso den Thymian. Im vorgeheizten Backofen bei 250 °C unter
häufigem Begießen mit der Bratflüssigkeit in 1 Stunde braten. Dann auf
225 °C zurückschalten und weitere
50 Minuten braten. Die Speisestärke
mit etwas Bratflüssigkeit verrühren
und zusammen mit Crème fraîche in
den Bratensatz rühren. Noch einmal
10 Minuten braten. Den Schlegel auf
einer vorgewärmten Platte anrichten
und ein wenig Soße darübergießen.
Den Rest Soße extra servieren. Dazu
Knödl und Salat reichen.

Hinweis

Besonders delikat schmecken zum
Wildschweinschlegel frische, ge-
schmorte Feigen. Diese Kombination
mutet zwar nicht schwäbisch an, wurde jedoch schon im frühen 19. Jahrhundert am Württembergischen Hofe
bei besonderen Anlässen aufgetra-
gen. Pro Person 2–3 frische Feigen
(möglichst grüne) berechnen. Die Feigen sauber mit lauwarmem Wasser
waschen, abtrocknen und die letzten
10 Minuten der Bratzeit in der Soße
mitdünsten.

Aus Bäch ond Weiher

Trotz des Gewässerreichtums in Schwaben, vor allem in Oberschwaben mit seinen zahlreichen Weihern und kleinen Flüssen, ist Fisch nichts Schwäbisches. Man freundete sich zwar damit an, aber so richtig mögen? Es passen ja auch keine Spätzla dazu. Trotzdem gibt es ein paar gute Fischrezepte.

Aal in Salbei

1 ausgenommener Aal
von ca. 1 kg,
Saft von 1 Zitrone,
Salz,
weißer Pfeffer,
Salbeiblätter,
4 EL Öl.

Den Aal enthäuten und in Portionsstücke teilen. Mit dem Zitronensaft einreiben und 15 Minuten einziehen lassen. Dann mit Salz und Pfeffer würzen. Die Aalstücke mit den Salbeiblättern umwickeln, evtl. festbinden. Das Öl in einer Auflaufform erhitzen und den Aal bei 225–250 °C im vorgeheizten Backofen in 30–40 Minuten garen. Dazu reicht man Salzkartoffeln und Salat.

Hinweis
Anstelle der Salbeiblätter wird in den Weinbaugebieten (Bodensee und Neckar) auch Weinlaub genommen.

Felchen »Müllerin«   Foto

4 fangfrische, küchenfertige Felchen,
Saft von 1 Zitrone,
Salz,
weißer Pfeffer,
2 EL Mehl,
80 g Butter,
4 Zitronenviertel,
Petersilie.

Die Felchen innen und außen gut waschen. Auf beiden Bauchseiten zwei kurze Einschnitte quer zum Rücken machen, damit die Felchen beim Bakken schön liegen bleiben. Innen und außen mit Zitronensaft einreiben und 30 Minuten einziehen lassen. Anschließend mit Salz und Pfeffer würzen und in Mehl wenden. Die Hälfte der Butter in der Pfanne erhitzen und die Felchen auf jeder Seite in etwa 5 Minuten goldbraun braten. Auf einer vorgewärmten Platte anrichten. Mit den Zitronenvierteln und der Petersilie garnieren. Die restliche Butter erhitzen, etwas Zitronensaft hineingeben und über die Felchen gießen. Dazu Petersilienkartoffeln und Salat oder nur Kartoffelsalat servieren.

Hinweis
Auf dieselbe Art können auch Forellen gebacken werden.

Felchen in Rahmsoß   Foto

4 fangfrische, küchenfertige Felchen,
Saft von 1 Zitrone,
Salz,
weißer Pfeffer,
2 EL Mehl,
40 g Butter.

Soße: 1 kleine Zwiebel,
40 g Butter,
1 EL Mehl,
⅛ l Weißwein oder Wasser,
Salz,
weißer Pfeffer,
geriebene Muskatnuß,
2 EL Crème fraîche,
4 Zitronenscheiben,
Petersilie.

Felchen vorbereiten und braten wie Felchen »Müllerin«. Dann auf eine heiße Platte legen und warm stellen. Die feingeschnittene Zwiebel in der Butter andünsten, Mehl darüberstäuben und noch kurz mitdünsten. Mit dem Weißwein ablöschen, würzen und 2 Minuten gut durchkochen lassen. Crème fraîche darunterrühren und die Soße über die Felchen gießen. Mit Zitronenscheiben und Petersilie garnieren. Dazu Salzkartoffeln.

Forelle blau

Foto

4 fangfrische, küchenfertige Forellen, 2 l Wasser, 2 EL Salz, 1 Möhre, Petersilie, ¼ l Weißwein, Zitronenscheiben.

Die Forellen vorsichtig unter fließendem Wasser waschen, damit der Schleim auf der Haut, der später die Blaufärbung bewirkt, nicht verletzt wird. Mit dem Fingernagel den schwarzen Streifen innen am Rücken herausschaben. Die Forellen dressieren: mit einer Nadel einen Faden durch die Kopfspitze (offenes Maul) und das Schwanzende ziehen und rund zusammenbinden. Das Wasser mit dem Salz, der Möhre und etwas Petersilie zum Kochen bringen und 5 Minuten durchkochen lassen. Dann den Weißwein hineingießen, aufkochen lassen, die Forellen hineinlegen und auf kleiner Hitze in etwa 15–20 Minuten garziehen lassen (der Sud darf nicht mehr kochen). Der Fisch ist fertig, wenn sich die Flossen leicht herauslösen. Auf einer vorgewärmten Platte mit Zitronenscheiben und Petersilie garniert anrichten. Mit zerlassener Butter, Petersilienkartoffeln und Salat servieren.

Gebackener Waller (Wels)
Donau, Federsee

1 fangfrischer, küchenfertiger Waller
von ca. 1,5 kg,
2 EL Salz,
Saft von 1 Zitrone, Salz,
weißer Pfeffer,
3 EL Öl.

3 Eigelb,
Saft von 1 Zitrone,
1 Schalotte oder Zwiebel,
1 Bund Petersilie,
60 g Butter,
Speckscheiben zum Auslegen
der Bratform,
4 EL Semmelbrösel,
¼ l Weißwein oder Wasser.

Den Waller zum Entschleimen fest mit Salz abreiben. Dann innen und außen gut waschen. Mit Zitronensaft beträufeln und 15 Minuten einziehen lassen. Innen und außen mit Salz und Pfeffer einreiben. Außen mit dem Öl einpinseln und etwa 3 Stunden zugedeckt stehen lassen. Danach die Eigelb mit dem Zitronensaft, der feingehackten Schalotte und Petersilie sowie der Butter gut verrühren und den Waller damit bestreichen. Eine rechteckige Auflaufform mit Speckscheiben auslegen, den Fisch darauflegen und mit Semmelbröseln bestreuen. Im vorgeheizten Backofen bei 225–250 °C in etwa 30 Minuten garen, dabei nach und nach den Weißwein oder das Wasser zugießen. Den Fisch auf einer Platte anrichten, mit Zitronenscheiben garnieren und mit Salaten und Butterkartoffeln servieren.

G'füllter Karpfen

1 fangfrischer, küchenfertiger Karpfen
von ca. 1,5 kg,
4 EL Öl,
ca. 10 Scheiben Bauchspeck,
2 EL Semmelbrösel,
Butter (Menge nach Geschmack),
50 g gehackte Mandeln oder
Mandelblättchen.

Füllung: 150 g Brät,
1 Ei,
1 kleine Zwiebel,
½ Knoblauchzehe,
Petersilie,
Majoran,
Salz, Pfeffer.

Den Karpfen innen und außen gut waschen.
Für die Füllung das Brät mit dem Ei, der jeweils feingehackten Zwiebel, Knoblauchzehe und Petersilie sowie mit Majoran, Salz und Pfeffer verrühren. Den Karpfen damit füllen und zunähen. Eine Auflaufform mit Öl auspinseln, den Karpfen hineinlegen und die Speckscheiben über dem Rücken verteilen. Mit den Semmelbröseln bestreuen und bei 225–250 °C im vorgeheizten Backofen backen. Nach 15 Minuten ein paar Butterflöckchen auf dem Karpfen verteilen und mit den Mandeln bestreuen. In weiteren 15 Minuten schön hellbraun fertigbacken.

Hinweis
Anstelle des Bräts können auch Leber und Rogen oder Milchner des Karpfens in die Füllung gegeben werden.

G'spickter Hecht
Bayerisch Schwaben

*1 fangfrischer, küchenfertiger Hecht
von ca. 1,5 kg,
50 g durchwachsener Speck
in Streifen, Saft von 1 Zitrone,
Salz, weißer Pfeffer, 6 EL Öl,
⅛ l Weißwein oder Most,
1 TL Speisestärke,
1 Becher Crème fraîche.*

Den Hecht innen und außen sauber waschen, Flossen und Schwanz zurückschneiden. Auf beiden Seiten entlang des Rückgrates mit einem scharfen Messer einen ca. 1,5 cm breiten Hautstreifen ablösen. Die Speckstreifen in das freigelegte Fischfleisch ziehen. Den Hecht innen und außen mit Zitronensaft einreiben und 30 Minuten einziehen lassen. Danach mit Salz und Pfeffer würzen und mit 3 EL Öl einpinseln. Das restliche Öl in der Auflaufform erhitzen und den Hecht hineinlegen. Im vorgeheizten Ofen bei 225–250 °C etwa 30 Minuten braten, dabei öfters mit Öl bestreichen und nach und nach den Weißwein oder Most zugießen. Den fertigen Fisch auf einer Platte warm stellen. Die Speisestärke mit wenig kaltem Wasser anrühren und in den Bratensatz rühren. Ebenso die Crème fraîche. Kurz aufkochen lassen und zu dem Hecht reichen. Dazu Kartoffelsalat servieren.

Veschper

Etzt wird erscht mol g'veschpret,
no sieht ma wiedr weitr.

Was für den Bayern die Brotzeit, ist für den Schwaben das Veschper. Und g'veschpert wird überall: am Arbeitsplatz, die Kinder in der Schule, abends daheim und spät abends nach den Vereinstreffen in einem gemütlichen Wirtschäftle.

Heutzutage muß man nicht mehr selbst schlachten, um in den Genuß dieser Köstlichkeiten zu kommen. Es gibt in jeder Metzgerei eine große Auswahl davon. Oder Sie finden, wenn Sie nach einer ausgedehnten Wanderung Appetit auf ein herzhaftes Veschper haben, ohne Mühe ein gemütliches Gasthaus. So wie das kleine Lokal in einer oberschwäbischen Allgäustadt, das weit über seine Grenzen, ja sogar im Ausland, für seine Leberkäs-Spezialität bekannt ist.

Aber zum Veschper gehört nicht nur Wurst, sondern auch Käse, vor allem Backsteinkäse, sauer angemacht, und verschiedene Salate. Dazu wird eine frische Laugenbrezel oder Seele mit viel Butter gegessen.

Schwartamaga

Foto

Für 1 Person
Je 1 Scheibe (ca. 1 cm dick)
Schwartenmagen rot und weiß.

Den Schwartenmagen auf einem Teller oder Vesperbrett anrichten. Dazu Senf und frische Brezeln oder Schwarzbrot servieren.

Saura Schwartamaga

Für 1 Person
2 Scheiben Schwartenmagen
rot oder weiß,
1 Zwiebel, Essig,
Wasser, Öl, Salz, Pfeffer,
2 Tropfen Flüssigwürze.

Den Schwartenmagen in Streifen oder Würfel schneiden und in einen Suppenteller geben. Die Zwiebel in Ringe schneiden und darüber verteilen. Aus Essig, lauwarmem Wasser, Öl und den Gewürzen eine Marinade nach Geschmack zubereiten und über den Schwartenmagen gießen, so daß alles bedeckt ist. Etwa 30 Minuten durchziehen lassen. Dazu frisches Brot, Brezeln oder Wecken reichen.

Variation
Saure Schwarzwurscht, Saures Siedfleisch: Anstelle des Schwartenmagens ein Stück Schwarzwurst oder Siedfleisch nehmen. Die Schwarzwurst in dünne Scheiben, das Siedfleisch in Würfel schneiden und fortfahren, wie oben beschrieben.

Wurschtsalat, Lumpasupp

Foto

*400 g Schinkenwurst,
150 g Emmentaler, Essig, Wasser, Öl,
Salz, Pfeffer, 1 große Zwiebel.*

Wurst und Käse in dünne Streifen schneiden. Aus Essig, Wasser, Öl, Salz und Pfeffer eine Marinade rühren. Die Wurst- und Käsestreifen in einer Schüssel mit der Marinade vermischen und mindestens 30 Minuten durchziehen lassen. Die Zwiebel in Ringe schneiden. Den Wurstsalat auf flache Teller verteilen und die Zwiebel darübergeben.

Variation

Anstelle der Schinkenwurst können Sie auch Lyoner, Fleischwurst, Schüblinge oder Schwartenmagen nehmen.

Ochsenmaulsalat

Foto

Ochsenmaul, fertig gekocht und geschnitten, erhalten Sie in jeder schwäbischen Metzgerei. Sie müssen es nur noch nach Ihrem Geschmack mit Essig, Öl, Salz, Pfeffer und Zwiebelringen anmachen und durchziehen lassen.

Tellersulz

*Ca. 500 g mageres Schweinefleisch,
6–8 Schweinsknöchle, 2 Kalbsfüßle,
1 Möhre, 1 Stück Sellerie,
1 Lorbeerblatt, 5 Pfefferkörner,
1½ l Wasser, Essig, Salz, Pfeffer.*

*Zum Garnieren: Hartgekochte Eier,
Essiggurken, Möhren,
Petersilie u. ä.*

Fleisch, Knochen, Möhre, Sellerie, Lorbeerblatt und Pfefferkörner im kalten Wasser aufsetzen und zum Kochen bringen. Das Fleisch in etwa 2 Stunden darin weich kochen, dann herausnehmen und in dünne Scheiben schneiden. Auf vier Suppenteller verteilen. Mit Eierscheiben, mit einem Bundmesser geschnittenen Essiggurken- oder Möhrenscheiben, Petersilie u. ä. garnieren. Die Brühe durchsieben, erkalten lassen und entfetten. Mit Essig, Salz und Pfeffer abschmecken und nochmals aufkochen. Anschließend über das Fleisch gießen und fest werden lassen. Dazu frisches Brot, Brezeln oder Wecken reichen.

Variation

Die Sulz kann auch mit Fleischresten, magerem gekochtem Schinken oder anderen Wurstscheiben zubereitet werden. Der Aspik wird dann mit Sulzenpulver gekocht.

Hoißa Leberkäs

Leberkäsbrät (gibt es bratfertig in der Alu-Backform zu kaufen).

Das Brät im Backofen in etwa 45 Minuten bei 225 °C ausbacken. Heiß in Scheiben schneiden und mit Senf und frischen Laugenbrezeln servieren. Mit einem saftigen Kartoffelsalat angerichtet, ist dies auch ein schnelles Mittagessen.

Veschper

Schwäbischer Veschperteller

Je nach Gegend sieht der Veschperteller ein wenig anders aus, aber meist besteht er aus:

*Je 1 Scheibe Schwartenmagen
rot und weiß,
je ein paar dünne Scheiben
Rauchfleisch,
Schinkenwurst Streichleberwurst,
evtl. noch 1 Paar Landjäger,
Essiggurken und Tomaten
als Garnitur.*

Dazu herzhaftes Landbrot oder Laugenbrezeln reichen.

Saitenwürschtla, Schübling, Rote Würscht

Diese Würste haben ihre Hauptsaison von Frühling bis Herbst. Auf Ausflügen, Grillpartys oder den sommerlichen Hocketen werden sie oft körbeweis gegessen: vom Grill, im Wasser heiß gemacht oder auf einen Stock gespießt und ins Feuer gehalten. Saitenwürste sind außerdem beliebt als Zugabe zu Kartoffelsupp, Linsen, Bohnen u. a.

Landjäger

Auch Landjäger sind eine ideale Ausflugswurst. Sie werden kalt gegessen. Man schneidet sich Stück für Stück zum Brot oder beißt einfach herunter.

Bratwürscht ohne Haut, Nackete, G'schwollene

*Pro Person 1 Paar Bratwürste,
Öl zum Braten.*

Die Bratwürste in einer Schüssel mit etwas Milch übergießen und einige Minuten darin liegen lassen. Dann langsam in heißem Öl hellbraun anbraten. Oder die Würste in kochendes Wasser legen, 5 Minuten ziehen lassen und dann erst anbraten. Dazu Kartoffelsalat reichen.
Kinder mögen diese Bratwürste ganz unschwäbisch: Die Bratwurst der Länge nach aufschneiden, Ketchup in den Einschnitt füllen und mit Curry bestreuen.

Gurken-Rettich-Salat   Foto

*1 Salatgurke, 2 rote Rettiche, 1 TL Salz,
Essig, Öl, Pfeffer.*

Die Gurke schälen, die Rettiche sauber waschen. Beide grob raspeln, mit dem Salz vermischen und ca. 10 Minuten durchziehen lassen. Dann mit der Hand gut ausdrücken und die Flüssigkeit weggießen. Essig, Öl und Pfeffer dazugeben und gut durchmischen.

Variation

Kartoffel-Gurken-Rettich-Salat:
Zusätzlich 500 g Salatkartoffeln – in der Schale kochen, etwas abkühlen lassen, schälen, grob raspeln – mit den ausgedrückten Gurke-Rettich-Raspeln vermischen.

Tomatensalat
Foto

1 kg Tomaten, 1 Zwiebel,
ein paar frische Zwiebelröhrle,
Essig, Öl,
Salz, Pfeffer.

Die Tomaten waschen und in Scheiben schneiden. Zwiebel und Zwiebelröhrle fein schneiden und über die Tomaten geben. Aus Essig, Öl, Salz und Pfeffer eine Marinade anrühren und darübergießen. Gut durchmischen. Dazu schmeckt frisches Brot mit reichlich Butter.

Variation
Nach Geschmack kann in den Salat auch noch Schinken- oder Fleischwurst geschnitten werden.

Kartoffelsalat

1 kg Salatkartoffeln,
⅛ l lauwarme Fleischbrühe,
2 EL Essig, 2 EL Öl,
1 Zwiebel,
Salz, Pfeffer.

Die Kartoffeln in der Schale kochen, kurz auskühlen lassen, schälen und in ganz dünne Scheiben schneiden. Die Fleischbrühe darübergießen und einige Minuten einziehen lassen, dann Essig, Öl, feingeschnittene Zwiebel sowie Salz und Pfeffer dazugeben und alles gut durchmischen. Der Kartoffelsalat sollte gut feucht (schmotzig sagt der Schwabe) sein.

Kräuterkäs

1 Rolle Kräuterkäse, 125 g Butter,
2 EL Most oder herber Weißwein,
Schnittlauch nach Geschmack.

Den Kräuterkäse fein reiben, am besten in eine kleine Schüssel. Butter und Most dazugeben und mit einer Gabel alles gut zusammendrücken. Nach Geschmack noch Schnittlauchröllchen daruntermischen und zugedeckt etwa 30 Minuten durchziehen lassen.
Dieser Brotaufstrich ist eine etwas derbe Angelegenheit. Er »riecht« ziemlich stark und scharf und ist deshalb nicht jedermanns Geschmack.

Saura Backstoikäs

1 Stange Backsteinkäse,
Essig, Wasser,
1 EL Rotwein, Öl,
Salz, Pfeffer,
1 große Zwiebel.

Den Käse mit einem Messer sauber abschaben, in dünne Scheiben schneiden und in eine tiefe Platte oder Teller legen. Aus Essig, Wasser, Rotwein, Öl, Salz und Pfeffer eine Marinade anrühren, über den Käse gießen und mindestens 30 Minuten durchziehen lassen. Vor dem Auftragen feingeschnittene Zwiebelringe darüber verteilen.

Hoiße Seela

Pro Person 1 Seele (Seite 110),
etwas Butter,
4 Scheiben Rauchfleisch,
2 Scheiben Emmentaler,
Zwiebelringe,
Alufolie.

Die Seele der Länge nach aufschneiden und eine Hälfte mit Butter bestreichen. Mit dem Rauchfleisch und dem Emmentaler belegen und die Zwiebelringe darauf verteilen. Die andere Seelenhälfte darauflegen. Die Seele in Alufolie einpacken und im vorgeheizten Backofen bei 225 °C in etwa 20 Minuten gut warm werden lassen.

Muesla

Jahrhundertelang war das Mus ein fester Bestandteil der täglichen Nahrung in Schwaben. Zum Frühstück gab es je nach Gegend ein brennt's Mus, Häbernes oder Musmehlmus. Auch der Stopfer aus Milch und Wasser war ein beliebtes Frühstücksmus, das heute meist ganz mit Milch gekocht und mit Obst als Mittagessen gereicht wird. Noch während des letzten Krieges und einige Zeit danach gab es bei den Bauern morgens nach der Stallarbeit ein kräftiges Mus. Dazu trank man Malzkaffee oder Milch. Zum Mittag gab es Apfelmues mit Mehlspeisen oder ein Holdermues, das bereits im 14. Jahrhundert erwähnt wird. Bevor das Brot überall bekannt war, aß man auch abends Mus.

Mus wurde in einer großen Kupferpfanne zubereitet und darin auch zu Tisch gebracht. Jeder Tischgenosse aß dann mit seinem Löffel aus der Pfanne.

Im Allgäu wird auch heute noch sehr viel brennt's Mus gegessen, allerdings am Abend. Und nicht nur die Älteren, auch die Jungen haben dieses herzhafte Mus entdeckt.

Musmehl gibt es in kleineren Lebensmittelgeschäften, in Reformhäusern und in jeder Mühle zu kaufen.

Brennt's Mues

Foto

Oberschwaben, Allgäu,
Schwäbische Alb

*Pro Person etwa 4 EL Musmehl,
Wasser, Salz, Butter.*

Musmehl im Topf gut hellbraun anrösten. Mit Wasser nach und nach ablöschen, so daß je nach Geschmack ein
dickeres oder dünneres Mus entsteht.
Aufkochen lassen und salzen. Im Teller mit viel zerlassener Butter übergießen. Mit einem Glas Milch reichen.

Hinweis

Im Allgäu wird das Musmehl auch oft
in Fett angeröstet. Im nördlichen
Oberschwaben werden noch in
Schmalz hellgelb angedünstete Zwiebeln darübergegeben.

Äpfelmues

*1 kg Äpfel, 1 l Wasser, Saft von
2 Zitronen, 75 g Zucker, 1 Zimtstange,
Zucker und Zimt zum Bestreuen.*

Die Äpfel schälen, vierteln, das Kernhaus entfernen und das Fruchtfleisch
schnitzeln. Damit die Schnitze schön
hell bleiben, gleich in das Wasser mit
dem ausgepreßten Zitronensaft legen.
Zucker und Zimtstange dazugeben
und alles zum Kochen bringen. Auf
kleiner Hitze ca. 5 Minuten weiterkochen, dabei mit dem Schneebesen
kräftig durchrühren. Das Apfelmus
sollte jedoch noch kleinere Apfelstük-
ke enthalten. Die Zimtstange herausnehmen, mit dem Zucker-Zimt-Ge-
misch bestreuen und zu Süßspeisen
reichen.

Holdermues 1
Stuttgart, Schwäbische Alb

500 g abgerebelte Holunderbeeren,
2 Birnen,
50 g Zucker,
1 Prise Salz,
50 g Butter, ⅛ l Milch,
1 EL Speisestärke.

Die Holunderbeeren mit den geschälten, geschnitzelten Birnen sowie Zucker, Salz und Butter etwa 10 Minuten in der Milch kochen. Die Speisestärke in wenig kalter Milch anrühren und in das Mus geben. Unter Rühren nochmals aufwallen lassen. Als Nachspeise oder zu Süßspeisen reichen.

Holdermues 2
Allgäu

500 g abgerebelte Holunderbeeren,
50 g Zucker,
1 Prise Salz,
¼ l Wasser,
1½ EL Mehl, 40 g Butter.

Die Holunderbeeren mit Zucker und Salz ca. 15 Minuten in dem Wasser kochen. Inzwischen das Mehl in der zerlassenen Butter leicht gelb andünsten. Dann gut unter das Holundermues rühren und alles zusammen noch ein paar Minuten durchkochen lassen. Sollte das Mus zu dick sein, kann mit Milch oder Sahne verdünnt werden.

Variation
Anstelle von Mehl können auch Semmelbrösel genommen werden. Dies ist dann eine Art Reibmus, wie es in Oberschwaben und im Allgäu gegessen wird.

In manchen Gegenden wird das Holundermues noch mit heißer Butter übergossen und mit gerösteten Brotwürfeln gereicht.

Habermues
Allgäu, Oberschwaben

Pro Person etwa 4 EL Hafermehl,
Wasser,
Salz,
Butterschmalz.

Das Hafermehl in einer Pfanne leicht anbräunen, mit so viel Wasser ablöschen, bis es eine sämige Breimasse ist. Salz und Butterschmalz unterrühren und die Breimasse in der Pfanne unter ständigem Zerstückeln herausbacken. Als Abendessen reichen.

Musmehlmues

1 l Milch,
etwa 150 g Musmehl,
Butter.

Die Milch zum Kochen bringen und das Musmehl unter kräftigem Rühren einstreuen. Je nach gewünschter Festigkeit des Breies mehr oder weniger kochen lassen. Die Butter zerlassen und über das Mus, das schon eine leichte Haut haben sollte, gießen. Nach Belieben noch Schwarzbrotwürfel darauf geben. Als Abendessen servieren.

Brockete
Milch und Brocken

Warme Milch, älteres Hefegebäck oder Weißbrot.

Die warme Milch in eine große Tasse oder einen Teller gießen. Von dem Hefegebäck oder Weißbrot mundgerechte Stücke (Brocken) abbrechen, in die Milch legen und leicht durchweichen lassen. Nach Geschmack noch etwas Zucker darüberstreuen.

Stopfer
Allgäu

1 l Milch, 1 Prise Salz, Mehl, 2 Eier, Butter.

Die Milch mit dem Salz zum Kochen bringen. Unter ständigem Rühren so viel Mehl einstreuen, bis es eine dickliche Masse ist. Die Eier darunterrühren und mit zerlassener Butter übergießen. Dazu schmeckt eingekochtes Obst.

Strudl ond Aufläuf

Die Heimat der Strudel ist eigentlich Österreich. Da aber größere Teile Oberschwabens zeitweise österreichisches Gebiet waren, erklärt sich die Tradition und Vorliebe dafür. Strudel wird als Nachspeise mit warmer Vanillesoße oder Vanilleeis gereicht. Aber auch mit Sahne zum Nachmittagskaffee schmeckt er sehr gut.

Dagegen sind Aufläufe in Schwaben eine beliebte Freitagsspeise. Davor gibt es eine kräftige Suppe oder – als Anpassung an die neueren Ernährungsgewohnheiten – einen Salatteller.

Strudl ond Aufläuf

Apfelstrudl

Foto

Strudelteig: 250 g Mehl, 2 kleine Eier, 4 EL Wasser oder Milch, 2 EL Öl, 1 Prise Salz.

Füllung: 1 kg Äpfel, 100 g Sultaninen, 50 g grobgehackte Mandeln, Zucker und Zimt nach Geschmack, 100 g Butter zum Bestreichen und Backen.

Aus den Teigzutaten einen glatten, nicht zu festen Teig kneten. In einer angewärmten Schüssel 1 Stunde zugedeckt stehen lassen. Inzwischen die Äpfel schälen, vierteln, das Kernhaus entfernen, das Fruchtfleisch fein schnitzeln und mit den Sultaninen, Mandeln, Zucker und Zimt mischen. Den Strudelteig auf einem bemehlten Backbrett auswellen und dann auf einem bemehlten Küchenhandtuch hauchdünn ausziehen. Mit zerlassener Butter bestreichen und das Apfelgemisch darauf verteilen. Das Küchentuch Stück für Stück anheben, so daß sich der Strudel zusammenrollt. Die Rolle gut mit zerlassener Butter bestreichen, vom Tuch auf ein gebuttertes Blech oder in eine Auflaufform gleiten lassen und im vorgeheizten Backofen bei 230 °C in etwa 40 Minuten goldbraun backen. Warm mit Vanillesoße als Nachspeise, kalt mit geschlagener Sahne zum Kaffee reichen.

Variationen für die Füllung

Obststrudl: Auf dieselbe Art kann man auch Kirschen, Aprikosen oder Zwetschgen verwenden.

Quarkstrudl: 1 kg Quark, 2 Eier, 1 Becher saure Sahne und Zucker nach Geschmack mit dem elektrischen Handrührgerät zu einer cremigen Masse schlagen. 100 g Sultaninen, 50 g grobgehackte Haselnüsse und die abgeriebene Schale von ½ unbehandelten Zitrone daruntermischen.

Krautauflauf

1 großer Weißkrautkopf (ca. 1 kg), Salz, 1 große Zwiebel, 1 Bund Petersilie, 2 EL Öl, 1 alte Semmel, 400 g Hackfleisch, 1 Ei, Pfeffer, Butter für die Auflaufform und zum Belegen.

Das Kraut von den äußeren groben Blättern befreien. Je nach Größe der Auflaufform 6–10 schöne Krautblätter ablösen, Blattrippen abflachen und die Blätter halbweich kochen. Das restliche Kraut hobeln oder fein schneiden und in wenig Salzwasser weich kochen. Feingehackte Zwiebel und Petersilie im Öl andünsten. Die Krautstreifen gut abtropfen lassen und kurz mitdünsten. Die Semmel einweichen, gut ausdrücken und verzupfen. Gedünstetes Kraut, Hackfleisch, Ei, Semmel, Salz und Pfeffer zu einem glatten Teig zusammenkneten. Die Auflaufform ausbuttern und mit der Hälfte der Krautblätter auslegen. Den Kraut-Fleisch-Teig darauf verteilen und mit den restlichen Blättern abdekken. Ein paar Butterflocken daraufgeben und im vorgeheizten Backofen etwa 1 Stunde bei 220 °C backen. Dazu reicht man Salzkartoffeln und Tomatensoße.

Kartoffelauflauf   Foto

1 kg in der Schale gekochte Kartoffeln,
200 g Schinkenwurst oder Lyoner,
1 Stange Lauch, ⅛ l Milch,
1 Becher saure Sahne,
Salz, Pfeffer,
geriebene Muskatnuß,
1 Knoblauchzehe,
3 EL geriebener Emmentaler,
Butter für die Auflaufform.

Die Kartoffeln schälen und in kleine Würfel schneiden. Die Wurst eben- falls würfeln und den geputzten, ge- waschenen Lauch in feine Ringe schneiden. Die Auflaufform gut aus- buttern und abwechselnd Kartoffeln, Wurst und Lauch einfüllen. Milch und saure Sahne mit Salz, Pfeffer, geriebe- ner Muskatnuß und der zerdrückten Knoblauchzehe gut verquirlen. Über die Kartoffelmischung gießen und mit dem Käse bestreuen. Im vorgeheizten Backofen etwa 20 Minuten bei 220 °C backen. Nach Geschmack mit grünem Salat servieren oder den Auflauf ohne Beilage essen.

Spargelauflauf

*500 g in der Schale gekochte
Kartoffeln, 100 g Schinken,
500 g gekochte Spargelabschnitte
(oder Dose), ¼ l Buttersoße (Seite 49),
3 EL geriebener Emmentaler, Butter für
die Auflaufform und zum Belegen,
Petersilie.*

Die Kartoffeln schälen und in Scheiben, den Schinken in Streifen schneiden. In eine gebutterte Auflaufform abwechselnd Kartoffelscheiben, Spargelabschnitte und Schinkenstreifen einfüllen. Die Buttersoße zubereiten, dabei mit der Spargelbrühe ablöschen. Die heiße Buttersoße über den Auflauf gießen, mit dem Käse bestreuen und ein paar Butterflocken daraufgeben. Im vorgeheizten Backofen etwa 30 Minuten bei 220 °C backen. Den fertigen Auflauf mit gehackter Petersilie bestreuen und servieren. Nach Belieben kann noch Salat dazu gereicht werden.

Käsauflauf

*100 g Butter, 120 g Mehl, ½ l Milch,
5 Eier, 150 g geriebener Emmentaler,
Salz, Pfeffer, 1 EL Kirschwasser, nach
Geschmack noch Knoblauch, Butter
und Semmelbrösel für die Ringform.*

Die Butter zerlassen und das Mehl darin hell andünsten. Die Milch langsam zugießen und die Masse rühren, bis sie sich zu einem Kloß zusammenballt. Den Topf vom Herd nehmen und ein Eigelb nach dem anderen gut

darunterrühren. Danach den Käse, Salz, Pfeffer, das Kirschwasser und nach Belieben durchgepreßten Knoblauch daruntermischen. Eiweiß steif schlagen und unter die Masse heben. Eine Kuchenringform gut mit Butter ausfetten, mit Semmelbröseln ausstreuen und die Auflaufmasse einfüllen. Im vorgeheizten Backofen etwa 30 Minuten bei 220 °C backen. Nach dem Backen den Auflauf vorsichtig auf eine angewärmte Platte stürzen. Die Ringmitte nach Belieben mit gedämpftem Gemüse füllen und den Auflauf zu Kalbsbraten servieren.

Nudelauflauf

*250 g Nudeln (breite Nudeln oder
Hörnle), Salz, 150 g Schinkenwurst
oder Bauchspeck,
1 Becher süße Sahne,
1 Tasse Milch, 2 Eier, Pfeffer,
3 EL geriebener Emmentaler,
3 EL Semmelbrösel, Butter für die
Form und zum Belegen.*

Die Nudeln in reichlich Salzwasser knapp weich kochen, unter kaltem Wasser kurz abschrecken. Die Auflaufform gut ausbuttern. Abwechselnd Nudeln und die gewürfelte Wurst einfüllen, die letzte Lage sind Nudeln. Sahne und Milch mit den Eiern, Salz und Pfeffer verquirlen, über die Nudeln gießen und mit dem Käse und den Semmelbröseln bestreuen. Ein paar Butterflocken daraufgeben und im vorgeheizten Backofen etwa 50 Minuten bei 220 °C backen. Dazu reicht man Salat.

Flädlesauflauf mit Spinat

Flädlesteig: 150 g Mehl,
2 Eier,
¼ l Milch,
1 Prise Salz,
geriebene Muskatnuß,
Öl zum Ausbacken.

1 Paket Tiefkühlspinat (400 g),
200 g Schinken,
2 Becher saure Sahne,
1 Ei,
1 EL geriebener Emmentaler,
Butter für die Auflaufform.

Aus den angegebenen Zutaten mit dem elektrischen Handrührgerät einen glatten Flädlesteig rühren. In einer Pfanne etwas Öl erhitzen. Einen kleinen Schöpflöffel Teig hineingeben, verteilen, auf beiden Seiten schön braun backen, herausnehmen. Nacheinander alle Flädla ausbacken.
Den Spinat auftauen lassen und mit dem feingeschnittenen Schinken mischen. Die Spinat-Schinken-Masse auf die ausgekühlten Flädla streichen. Diese dann aufrollen und in die gebutterte Auflaufform legen. Die saure Sahne mit dem Ei verquirlen, über die Flädla gießen und mit dem Käse bestreuen. Im vorgeheizten Backofen etwa 30 Minuten bei 220 °C backen. Dazu reicht man Kartoffelsalat.

Variation

Anstelle der Spinatmischung können die Flädla auch mit einem Hackfleischteig gefüllt werden. Dann müssen sie allerdings 15 Minuten länger backen.

Flädlesauflauf mit Äpfeln

Flädlesteig: 250 g Mehl, 2 Eier,
⅜ l Milch, 1 Prise Salz, Öl zum
Ausbacken.

500 g säuerliche Äpfel,
100 g Sultaninen, Zucker und Zimt
nach Geschmack, 1 Becher süße
Sahne, 2 Eier, Butter für die Form.

Aus Mehl, Eiern, Milch und Salz mit dem elektrischen Handrührgerät einen glatten Flädlesteig rühren. In einer Pfanne etwas Öl erhitzen. Einen kleinen Schöpflöffel Teig hineingeben und verteilen. Auf beiden Seiten schön hellbraun backen, herausnehmen. Nacheinander den Teig verbakken, erkalten lassen, zusammenrollen und in dünne Streifen schneiden.
Die Äpfel schälen und fein schnitzeln oder grob raspeln. Eine Auflaufform gut einfetten. Abwechselnd Flädla, Äpfel mit Sultaninen und Zucker und Zimt einschichten. Die letzte Lage sollen Flädla sein. Die Sahne mit den Eiern verquirlen und darübergießen. Im vorgeheizten Backofen bei 210 °C in etwa 45 Minuten backen.

Quarkauflauf   Foto

150 g Butter oder Margarine, 3 Eier,
getrennt, 100 g Zucker, 500 g Quark,
1 Becher Sahne, 75 g Speisestärke,
1 Päckchen Vanillinzucker,
Zitronenaroma oder abgeriebene
Schale von 1 unbehandelten
Zitrone, 100 g Sultaninen,
Butter für die Auflaufform.

Die Butter mit dem elektrischen Handrührgerät gut schaumig rühren. Eigelb und Zucker dazugeben und mitrühren. Dann den Quark und die Sahne zugeben und so lange rühren, bis eine dicke, schaumige Masse entstanden ist. Speisestärke, Vanillinzucker, Zitronenaroma oder -schale sowie die Sultaninen daruntermischen. Die Eiweiß steif schlagen und unterheben. Die Quarkmasse in die gut eingefettete Auflaufform füllen und im vorgeheizten Backofen bei 220 °C in etwa 1 Stunde backen.

Kirschenmichl

*150 g Butter, 4 Eier, getrennt,
100 g Zucker, 500 g Quark,
150 g Grieß, 1 TL Backpulver,
abgeriebene Schale von
1 unbehandelten Zitrone,
50 g gemahlene Mandeln,
1 kg entsteinte Kirschen, Butter und
Semmelbrösel für die Guglhupfform,
zum Garnieren 1 Becher süße Sahne
und 2 EL Kirschsaft.*

Die Butter mit dem elektrischen
Handrührgerät gut schaumig rühren.
Eigelb und Zucker dazugeben und
mitrühren. Quark und Grieß zufügen
und zu einer schaumigen Masse rühren. Backpulver, Zitronenschale und
Mandeln einrühren und zuletzt die
entsteinten Kirschen und den Ei-
schnee unterheben. Eine Guglhupfform gut einfetten, besonders in den
Vertiefungen, und mit Semmelbröseln
ausstreuen. Die Quarkmasse einfüllen
und im vorgeheizten Backofen bei
220 °C in etwa 1 Stunde backen. In der
Form etwa 5 Minuten abkühlen lassen
und dann auf eine Platte stürzen. Die
Sahne mit dem Kirschsaft steif schlagen, über dem Kirschenmichl verteilen und mit ganzen Kirschen garnieren. Als Nach- oder Hauptspeise servieren.

Ofaschlupfer

*4 alte Wecken oder entsprechende
Menge Weißbrot,
500 g Äpfel, 50 g Butter,
100 g Sultaninen,
½ l Milch, 2 Eier,
50 g Zucker,
2 EL Semmelbrösel.*

Wecken oder Weißbrot in dünne
Scheiben schneiden. Die Äpfel schälen, vierteln, das Kernhaus entfernen
und das Fruchtfleisch fein schnitzeln.
Eine Auflaufform mit der Hälfte der
Butter gut einfetten. Abwechselnd mit
den Brotscheiben, Äpfelschnitzen und
Sultaninen auslegen. Die letzte Lage
sollen Brotscheiben sein. Milch, Eier
und Zucker gut verquirlen und darübergießen. Die Semmelbrösel darüberstreuen und die restliche Butter in
Flöckchen darauf verteilen. Im vorgeheizten Backofen bei 210 °C in etwa
1 Stunde backen. Der Auflauf ist fertig,
wenn das Milch-Eier-Gemisch gut gestockt und die Oberfläche hellbraun
ist.

Hinweis
Sie können den Auflauf auch ohne
Äpfel zubereiten. In manchen Gegenden nennt man ihn dann Scheiterhau-
fen.

Schmalzbackenes

*S'goht weiß ins Bad
ond kommt braun raus.*

Schmalzgebackenes ist in Schwaben sehr beliebt. Man ißt es zu allen Tageszeiten: als Nachspeise, zum nachmittäglichen Kaffee und abends in geselliger Runde zu heißem Most oder Wein.

Während des Faschings gibt es in fast jeder schwäbischen Familie mindestens einmal Fasnetsküechla. Im frühen Sommer Holderküechla aus Holunderblüten, Salbeimäusla aus frischen Salbeiblättern, im Herbst Apfelküechla und im Winter versoffene Jungfern mit Most. Zwischendurch dann noch die anderen Köstlichkeiten wie Kartäuser Klöße und Nonnafürzla.

Am besten gelingt Schmalzgebäck mit gutem Öl oder Fritierfett in der Friteuse. Nach dem Backen das Gebäck auf Küchenkrepp oder Brotresten abtropfen lassen, die dann für Brotsuppe verwendet werden können.

Apfelküechla

4 große, säuerliche und feste Äpfel, Saft von 1 Zitrone oder Kirschwasser.

Backteig: 250 g Mehl, ¼ l Bier oder Milch, 1 Prise Salz, 3 Eier, getrennt, 1 EL Öl, Fett zum Ausbacken, Zucker und Zimt zum Bestreuen.

Die Äpfel schälen, das Kernhaus ausstechen und das Fruchtfleisch in 1 cm dicke Scheiben schneiden. Mit Zitronensaft oder Kirschwasser beträufeln und zugedeckt stehen lassen.
Aus Mehl, Bier oder Milch, Salz und Eigelb einen Teig rühren. Die Eiweiß steif schlagen und mit dem Öl unter den Teig heben. Die Apfelscheiben eintauchen und in heißem Fett schwimmend ausbacken. Vor dem Essen mit Zucker und Zimt bestreuen. Mit Vanillesoße oder auch zum Kaffee reichen.

Holderküechla Foto

Backteig: 250 g Mehl, ¼ l Weißwein oder Milch, 1 Prise Salz, 2 Eier, getrennt, 1 EL Öl.

8 schöne Holunderblüten-Dolden, Fett zum Ausbacken, Puderzucker zum Bestreuen.

Aus Mehl, Wein oder Milch, Salz und Eigelb einen Teig rühren. Eiweiß steif schlagen und mit dem Öl unter den Teig heben, 1 Stunde stehen lassen. In der Zwischenzeit die Holunderblüten auf einem sauberen Tuch ausbreiten und einige Zeit liegen lassen, damit etwaige Insekten herauskrabbeln. Dann vorsichtig waschen und auf Küchenkrepp abtrocknen lassen. Die trockenen Blütendolden in den Teig tauchen und im heißen Fett schwimmend herausbacken. Vor dem Servieren mit Puderzucker bestreuen.

Salbeimäusla, Salbeiküechla, Salveküechla

Frische Salbeiblätter mit Stiel.

Backteig: 100 g Mehl, ⅛ l Weißwein oder Milch, 1 Prise Salz, 2 Eiweiß, 1 EL Öl, Fett zum Ausbacken.

Die Salbeiblätter waschen und auf Küchenkrepp gut abtrocknen lassen. Aus Mehl, Wein oder Milch und Salz einen Teig rühren. Die Eiweiß steif schlagen und mit dem Öl darunterheben. Die trockenen Salbeiblätter eintauchen und im heißen Fett schwimmend herausbacken. Heiß servieren zu Weißwein oder frischem Most.

Luschtig isch dia Fasenacht,
wenn mei Muatter Küechla bacht,
wenn se aber koine bacht,
isch für mi koi Fasenacht.
(Schwäbischer Kinderspruch)

Fasnetsküechla

500 g Mehl, 1 Würfel Hefe, 2 EL Zucker, ¼ l lauwarme Milch, 80 g weiche Butter oder Margarine, 1 Prise Salz, Fett zum Ausbacken, Zucker und Zimt zum Bestreuen.

Das Mehl in eine Schüssel sieben und in die Mitte eine Vertiefung drücken. Darin die Hefe zerbröckeln, den Zucker darüberstreuen und mit der lauwarmen Milch zu einem Vorteig anrühren, dabei etwas Mehl mit einrühren. Zugedeckt an einem warmen, zugfreien Ort gehen lassen. Anschlie-
ßend Butter und Salz zugeben und alles mit den Knethaken des elektrischen Handrührgerätes zusammenkneten. Wieder zudecken und zur doppelten Menge aufgehen lassen. Den Teig knapp 1 cm dick auswellen und Rauten ausschneiden. Nochmals 10 Minuten gehen lassen, danach in heißem Fett schwimmend hellbraun herausbacken. Noch heiß mit Zucker und Zimt bestreuen.

Variation

Rieser Küechla, zogene Küechla: Den gut aufgegangenen Teig 1 cm dick auswellen und mit einer Tasse runde Stücke ausstechen. Diese 10 Minuten gehen lassen und dann von der Mitte her ausziehen. Die Mitte muß ganz dünn sein und außen muß ein Wulstrand entstehen. Im heißen Fett schwimmend herausbacken.

Versoffene Jungfern
Bayerisch Schwaben

4 Eier, 200 g Zucker, 200 g Mehl, 4 EL warmes Wasser, 2 TL Backpulver, 1 Päckchen Vanillinzucker, Fett zum Ausbacken, heißen Weißwein oder Most zum Übergießen.

Eier und Zucker mit dem elektrischen Handrührgerät gut schaumig rühren. Die restlichen Zutaten zugeben und rasch darunterrühren. Mit einem Kaffeelöffel Teigstückchen abstechen und löffelweise ins heiße Fett gleiten lassen, hellbraun herausbacken. Abtropfen lassen und mit dem heißen Weißwein oder Most übergießen.

Kartäuser Klöß
Mittel- und Ostschwaben

*4 Milchsemmeln (3–4 Tage alt), 1 Ei,
⅜ l Milch, 1 EL Zucker, abgeriebene
Schale von ½ unbehandelten Zitrone,
Fett zum Ausbacken,
Zucker und Zimt.*

Die Kruste der Semmeln auf dem
Reibeisen abreiben, anschließend die
Semmeln halbieren. Ei, Milch, Zucker
und Zitronenschale gut verquirlen.
Die Semmelhälften eintauchen und
mehrmals wenden, bis sie weich sind.
Vorsichtig ausdrücken, in den abge-
riebenen Semmelbröseln drehen und
im heißen Fett schwimmend hellbraun
herausbacken. Gut abtropfen lassen,
in Zucker und Zimt drehen und mit
gekochtem Obst servieren.

Variation
Man kann die heißen Klöße auch mit
folgender Soße übergießen und als
Nachspeise servieren: Pro Person
⅛ l guten Rotwein nach Geschmack
würzen mit Zucker, Zimtstange, Nelken und Zitronenschale. Wie zu Glüh-
wein aufkochen und heiß über die
Klöße gießen.

Kartoffelnudla

*500 g Mehl, 20 g Hefe,
¼ l lauwarme Milch,
300 g in der Schale gekochte
Kartoffeln (möglichst vom Vortag),
2 Eier, Fett zum Ausbacken,
Zucker und Zimt
zum Bestreuen.*

Das Mehl in eine Schüssel sieben und
in die Mitte eine Vertiefung drücken.
Darin die zerbröckelte Hefe mit der
lauwarmen Milch und etwas Mehl anrühren und zugedeckt an einem warmen, zugfreien Ort gehen lassen. Inzwischen die Kartoffeln schälen,
durch die Kartoffelpresse drücken
und mit den Eiern zu dem Vorteig geben. Alles gut zusammenkneten und
erneut zugedeckt 1 Stunde gehen lassen. Anschließend Teigrollen von ca.
10 cm Länge und 2 cm Durchmesser
ausformen. Im heißen Fett schwimmend hellbraun herausbacken. Abtropfen lassen und, mit Zucker und
Zimt bestreut, zum Kaffee reichen
oder ungesüßt zu Sauerkraut.

Nonnafürzla
Oberschwaben, Allgäu

*¼ l Wasser oder Milch, 40 g Butter,
½ TL Salz, 125 g Mehl, 4 Eier,
Fett zum Ausbacken.*

Wasser oder Milch mit Butter und Salz
aufkochen. Das Mehl hineinstreuen
und so lange rühren, bis die Masse
glatt ist und sich zu einem Kloß zusammenballt. Vom Herd nehmen und
nach und nach die Eier darunterrühren. Dabei den Teig jedesmal wieder
ganz glatt rühren. Mit einem Kaffeelöffel längliche Klößchen abstechen
und ins heiße Fett einlegen. Langsam
hellbraun herausbacken. Gut abtropfen lassen.
Weitere Verwendung nach Belieben:
als Suppeneinlage oder, mit Puderzucker bestreut, zum Kaffee.

Süeße Sacha

Süße Sachen können sowohl Nachspeise als auch Hauptspeise sein, wie zum Beispiel Grießschnitten, Weinschaumsoße zu Pfitzauf oder am Abend in geselliger Runde eine Mostsuppe zu Schmalzgebackenem. Etwas Besonderes für den Schwaben ist sein Gsälz, das beileibe nicht mit Marmelade gleichzusetzen ist. Es muß vor allem selbst eingekocht sein. Sein Hauptmerkmal: Es ist flüssiger als Marmelade. Ursprünglich wohl eine pikante Sülze, nimmt man an, daß sich in Notzeiten die Menschen eine Sülze aus Früchten bereitet haben und so der schwäbische Brotaufstrich »Gsälz« zustande kam.

Süeße Sacha

Apfelschnee

4 große, säuerliche Äpfel,
Saft und abgeriebene Schale
von ½ unbehandelten Zitrone,
2 EL Zucker, ⅛ l Weißwein,
2 Eiweiß.

Die Äpfel schälen, achteln und das
Kernhaus entfernen. Mit Zitronensaft
und -schale sowie dem Zucker im
Weißwein weich kochen. Im Mixer
pürieren oder durch ein Sieb passieren und erkalten lassen. Die Eiweiß
steif schlagen, unter das Apfelmus mischen und so lange mit dem Rührge-
rät schlagen, bis die Masse weiß und
steif ist. Als Nachspeise servieren.

Äpfelschnitz

½ l Wasser, Saft von 1 Zitrone,
2 EL Zucker, ½ Zimtstange oder
Vanilleschote,
8 säuerliche Äpfel.

Wasser, Zitronensaft, Zucker und
Zimtstange oder Vanilleschote im
Topf mischen und zum Kochen bringen. Inzwischen die Äpfel schälen,
vierteln und vom Kernhaus befreien.
In das kochende Wasser legen und
bei kleiner Hitze zugedeckt bis zur
gewünschten Weiche kochen. Erkalten lassen und in Portionsschälchen
als Nachspeise oder auch zu Süßspeisen servieren.

Hinweis
Auf dieselbe Art können auch Birnen-
schnitz gekocht werden.

Gebratene Äpfel

4 gleich große, säuerliche Äpfel,
60 g Butter, ⅛ l Weißwein oder
Wasser, 2 EL Zucker.

Die Äpfel schälen und das Kernhaus
herausstechen. In die Aushöhlung je
ein Stück Butter geben. Eine flache
Auflaufform mit Butter einfetten. Die
Äpfel hineinsetzen, mit dem Weißwein oder Wasser übergießen und
den Zucker darüberstreuen. Im vorgeheizten Backofen bei 200 °C unter öfterem Begießen in etwa 20 Minuten
braten. Nach Belieben kann Vanillesoße dazu gereicht werden.

Rhabarberkompott

500 g Rhabarber, ½ l Wasser,
2 EL Zucker.

Rhabarber waschen, in 3 cm lange
Stücke schneiden und mit Wasser und
Zucker zum Kochen bringen. Aufkochen lassen, umrühren, den Topf vom
Herd nehmen und zugedeckt ca.
5 Minuten ziehen lassen. In Portionsschälchen füllen und als Nachspeise
servieren.

Dörrobst, gekocht

250 g Dörrobst
(Zwetschgen, Äpfel,
Birnen, Aprikosen),
Wasser,
½ Zimtstange,
Zucker nach Geschmack.

Das Dörrobst waschen und über Nacht in Wasser einweichen (quillt sehr stark auf). Danach im Einweichwasser mit der Zimtstange und evtl. Zucker langsam weich kochen. Als Beilage – warm oder kalt – zu Dampfnudeln, Pfitzauf oder als Nachspeise reichen.

Schlottermilch mit Brestling

1 l frische Kuhmilch,
500 g Erdbeeren (Brestling),
Zucker nach Geschmack.

Die Milch in 4 Porzellanschüsseln aufteilen und an einem warmen Ort stehen lassen, bis die Milch eingedickt ist (schlottrig, daher Schlottermilch). Dies dauert etwa 2–3 Tage. Die Erdbeeren waschen, abtropfen lassen, den Stiel entfernen, halbieren. Unter die Milch mischen, zuckern und gut gekühlt als Nachspeise servieren.

Hinweis
Da frische Kuhmilch heute selten zu bekommen ist, kann ersatzweise auch Dickmilch, Joghurt oder Kefir genommen werden.

Variationen
Schlottermilch schmeckt auch sehr gut mit anderem Obst: Himbeeren, Brombeeren, Johannisbeeren, Heidelbeeren. Man kann sie aber auch als Abendessen reichen mit warmen Kartoffeln. Diese werden in Stücke geschnitten und in die Schlottermilch gelegt.

Waffeln

250 g Mehl,
½ l Milch,
2 Eier, getrennt,
1 Prise Salz,
50 g zerlassene Butter,
1 TL Backpulver,
bei unbeschichtetem Waffeleisen
Fett zum Ausbacken,
Puderzucker zum Bestreuen.

Aus Mehl, Milch, Eigelb und Salz mit dem elektrischen Handrührgerät einen glatten Teig rühren. Die zerlassene Butter und das Backpulver darunterrühren. Die Eiweiß steif schlagen und unterheben. Waffeleisen erhitzen, evtl. mit wenig Öl auspinseln und entsprechende Menge Teig einfüllen. Goldgelbe Waffeln backen, warm stellen und vor dem Essen mit Puderzucker bestreuen. Zum Kaffee reichen.

Hinweise
Im Allgäu ißt man die Waffeln auch zu heißem Most oder übergießt sie damit.
Die Waffeln bleiben schön knusprig, wenn sie im Backofen, auf dem Gitterrost dicht nebeneinander gelegt, warm gehalten werden (bei etwa 100 °C); liegen sie aufeinander, werden sie weich.
Kinder mögen sehr gerne auch eine Waffeltorte. Dazu nacheinander, wie bei einer Torte, 5 ausgekühlte Waffeln mit Sahne oder Vanillecreme und Obst (Kirschen, Beeren, Ananas u. a.) zusammensetzen. Die oberste Waffel hübsch garnieren.

Dampfnudla

500 g Mehl, 1 Würfel Hefe,
ca. ¼ l lauwarme Milch,
80 g Butter,
50 g Zucker,
1 Ei, 1 Prise Salz,
abgeriebene Schale von
½ unbehandelten Zitrone.

Zum Dämpfen: Gut ⅛ l Milch,
1 EL Zucker, etwas Butter.

Das Mehl in eine Schüssel sieben. In die Mitte eine Vertiefung drücken und darin die Hefe mit der lauwarmen Milch und etwas Mehl zu einem Vorteig anrühren. Mit einem sauberen Tuch abdecken und in der Wärme ½ Stunde gehen lassen. Dann die restlichen Zutaten hineingeben und mit den Knethaken des elektrischen Handrührgerätes zu einem glatten Teig zusammenkneten. Wieder zudecken und zur doppelten Menge aufgehen lassen. Danach mit einem Eßlöffel faustgroße Stücke abstechen und zu runden Laibchen formen. Auf einer bemehlten Unterlage nochmals 10 Minuten gehen lassen.
In einem gutschließenden, weiten Topf Milch, Zucker und Butter zum Kochen bringen. Die Dampfnudeln dicht aneinander hineinsetzen, sofort zudecken und ohne Aufdecken in etwa 25 Minuten gar dämpfen. Vorsichtig, Hitze nicht zu groß schalten, sonst ist die Milch verkocht, bevor die Dampfnudeln fertig sind! Es darf nur ein leise brodelndes Geräusch zu hören sein. Dazu reicht man Vanillesoße oder gekochtes Dörrobst.

Grießschnitten   Foto

1 l Milch, 20 g Butter, 1 Prise Salz,
250 g Grieß, 1 Ei, Fett zum Ausbacken,
Zucker und Zimt zum Bestreuen.

Milch, Butter und Salz zum Kochen bringen. Den Grieß unter ständigem Rühren einrieseln lassen und in etwa 20 Minuten zu einem dicken Brei kochen. Den Topf vom Herd nehmen und das Ei unterrühren. Den Brei auf ein nasses Backbrett stürzen, fingerdick ausstreichen und erkalten lassen. Etwa 5 × 8 cm große Rechtecke ausschneiden und im heißen Fett schön goldbraun backen. Mit Zucker und Zimt bestreuen und zu gekochtem Obst servieren.

Variation
Die Schnitten vor dem Backen in einem verquirlten Ei und Semmelbröseln wenden.

Pfitzauf

250 g Mehl, ½ l Milch, 4 Eier, Salz,
4 EL zerlassene Butter.

Aus Mehl, Milch, Eiern und Salz mit dem elektrischen Handrührgerät einen Teig rühren. 2 EL zerlassene Butter darunterrühren. Pfitzaufformen mit der restlichen Butter auspinseln und zur Hälfte mit dem Teig füllen. Im vorgeheizten Backofen bei 200 °C in etwa 45 Minuten backen. Sofort servieren, da die Pfitzauf sonst zusammenfallen. Dazu reicht man Weinschaumsoße, Vanillesoße oder Kompott.

Vanillsoß

*2 TL Speisestärke, ½ l Milch,
1 EL Zucker, 1 Vanilleschote oder
ein paar Tropfen flüssiges
Vanillekonzentrat.*

Die Speisestärke mit 4 EL kalter Milch anrühren. Die restliche Milch mit dem Zucker und der aufgeschlitzten Vanilleschote oder dem Konzentrat zum Kochen bringen. Den Topf vom Herd nehmen und die glattgerührte Speisestärke unter die kochende Milch rühren. Nochmals aufwallen lassen. Heiß zu Dampfnudeln, Pfitzauf oder Apfelstrudel servieren, kalt zu beliebigen kalten Puddingen.

Weinschaumsoß

1 EL Speisestärke,
3 EL Zucker, 2 Eier,
abgeriebene Schale von
1 unbehandelten Zitrone,
⅜ l herber Weißwein und
⅛ l Wasser (oder halb und halb).

Speisestärke, Zucker, Eier und Zitronenschale im Topf vermischen. Wein und Wasser zugießen und mit dem Schneebesen unter ständigem Schlagen bis zum Kochen bringen. Sofort heiß servieren.

Karamelsoß mit Schneebäll
Foto

3 gehäufte EL Zucker, 3 EL Wasser,
1 TL Speisestärke, 2 Eigelb,
1 Päckchen Vanillinzucker, ½ l Milch.

Schneebäll: 2 Eiweiß,
1 TL Zucker, ⅛ l Milch.

Den Zucker gut hellbraun rösten und mit dem Wasser ablöschen. Die Speisestärke mit den Eigelb, Vanillinzucker und der Milch in einem Topf gut verrühren. Den abgelöschten Zucker dazugeben und unter ständigem Schlagen mit dem Schneebesen zum Kochen bringen. Kurz aufkochen, vom Herd nehmen und in Portionsschälchen füllen.
Für die Schneebäll die Eiweiß mit dem Zucker sehr steif schlagen. Die Milch zum Kochen bringen, mit einem Kaffeelöffel kleine Klöße von der Eischneemasse abstechen und auf die Milch setzen. Zudecken und ca. 3 Minuten ziehen lassen. Dann vorsichtig herausnehmen und auf die erkaltete Karamelsoße setzen. Als Nachspeise servieren.

Welfenspeise
Foto

Creme: 40 g Speisestärke,
½ l Milch, 1 Vanilleschote,
1 EL Zucker, 3 Eiweiß.

Soße: 1 TL Speisestärke,
3 EL Zucker, 3 Eigelb, ¼ l herber
Weißwein, abgeriebene Schale von
1 unbehandelten Zitrone.

Die Speisestärke mit 6 EL Milch anrühren. Die restliche Milch mit der aufgeschlitzten Vanilleschote und dem Zucker zum Kochen bringen. Aufkochen, 5 Minuten kochen lassen und dann die Vanilleschote herausnehmen. Die Milch wieder zum Kochen bringen, die angerührte Speisestärke einrühren, aufkochen lassen und vom Herd nehmen. Eiweiß steif schlagen und unter die leicht abgekühlte Creme heben. Pro Person ein hohes Glas (Sektglas, Eisbecher o. ä.) etwa ¾ mit der Creme füllen und vollends erkalten lassen.
Für die Soße die angegebenen Zutaten in einem Topf gut verrühren und unter ständigem Schlagen mit dem Schneebesen bis zum Kochen bringen. Die heiße Weinschaumsoße vorsichtig über die Vanillecreme gießen und erkalten lassen. Sehr gut schmecken dazu mit Rum beträufelte Anisbrötla.

Most- oder Weinsupp
Allgäu, Oberschwaben, Neckarraum

*1 l Most oder herber Weißwein,
50 g Mehl, 1 EL Zucker, 1 Prise Salz,
Saft und abgeriebene Schale
von 1 unbehandelten Zitrone,
2 Eigelb.*

Most oder Wein zum Kochen bringen.
Das Mehl in wenig Wasser glattrühren
und in die heiße Flüssigkeit einrühren.
Mit Zucker, Salz, Zitronensaft und
-schale abschmecken und 1–2 Minuten durchkochen lassen. Den Topf
vom Herd nehmen und die verquirlten Eigelb darunterrühren. Nicht mehr
aufkochen lassen!

Hinweise
Die Suppe wird zu Schmalzgebackenem serviert, das man darin eintaucht
oder damit übergießt. Man kann auch
geröstete Weißbrotwürfel auf die
Suppe geben.
Ist die Suppe mit Wein gekocht, wird
noch eine Sahnehaube daraufgesetzt.

Erdbeergsälz, Treiblesgsälz, Zwetschgagsälz

*1000 g Früchte netto (wahlweise
Erdbeeren, Johannisbeeren oder
Zwetschgen), 900 g Gelierzucker.*

Die Früchte waschen, gut abtropfen
lassen und zerkleinern. Mit dem Gelierzucker mischen und ein paar Stunden durchziehen lassen. Anschließend unter Rühren zum Kochen bringen. 4 Minuten sprudelnd kochen lassen. Abfüllen und verschließen.

Hinweise
Das Zwetschgagsälz schmeckt mit
1–2 EL Zwetschgenwasser noch besser. Vor dem Abfüllen darunterrühren.
Treibla sind rote, weiße oder schwar-
ze Johannisbeeren.

Holderwein

*15 große Holunderblüten-Dolden,
15 l Wasser, 1,5 kg Zucker,
2 unbehandelte Zitronen.*

Die Blütendolden vorsichtig ausschüt-
teln, waschen und auf Küchenkrepp
trocknen lassen. In ein großes, weites
Gefäß legen. Wasser, Zucker und die
in Scheiben geschnittenen Zitronen
zugeben. Das Gefäß mit Klarsichtfolie
verschließen und 4 Tage an ein sonni-
ges, aber geschlossenes Fenster stellen (sollte die Sonne nicht scheinen,
den angesetzten Wein 1 Tag länger
ziehen lassen). Danach die Blütendolden und Zitronenscheiben entfernen,
den Saft gut umrühren und durch ein
Tuch absieben. In gut schließende Fla-
schen ¾ voll abfüllen. Etwa 3 Monate
kühl und dunkel lagern, dann ist der
Wein fertig. Mit Mineralwasser mischen oder pur trinken.

Schwäbische Backstub

Man sagt, die Schwaben hätten das Kuchenbacken erfunden, um die Vorwärme des Ofens beim Brotbacken auszunutzen. Dies stimmt nicht ganz, denn in vielen anderen Ländern hat das Backen von Kuchen und Gebäck mindestens eine ebenso lange Tradition. Allerdings wird diese Tradition in Schwaben auch heute noch sehr gepflegt. Trotz des großen Angebotes an fertigem Gebäck läßt es sich fast keine schwäbische Hausfrau nehmen, ihren sonntäglichen Kuchen selbst zu backen. Damit verbunden sind oft Kindheitserinnerungen: In den Geruch des samstäglichen Putzes mischt sich der Duft von frischem Hefe-zopf oder Guglhupf.

Ein besonderer Duft durchzieht zur Weihnachtszeit die Woh-nungen. Da werden überall die traditionellen Springerla, Anis-brötla, Ausstecherla – und wie sie alle heißen, gebacken.

Unsere Vorfahren haben diese Köstlichkeiten noch mit Dinkel-mehl gebacken, was den typischen Geschmack besonders her-vorhob (Näheres zu diesem Mehl finden Sie im Kapitel Meahl-speisa, Seite 29). Bei Hefegebäck entwickelt sich dieser ganz besonders. Allerdings muß der Teig etwas weicher sein als üb-lich, da das Mehl noch aufquillt.

Pikante Bäckerei

Hinweis

Bitte beachten Sie, daß beim Backen von Brot, Wecken, Brezeln und Seelen immer eine feuerfeste Schale mit Wasser in den Backofen gestellt werden muß. Dadurch bleiben die Backwaren an der Unterfläche weicher.

Schwäbisches Landbrot
Foto

800 g Kernen- oder Weizenmehl,
50 g Hefe, ½ l lauwarmes Wasser,
1 TL Salz, 2 EL Dickmilch oder Joghurt,
Butter für das Blech,
Salzwasser zum Einpinseln.

Das Mehl in eine Schüssel sieben und in die Mitte eine Vertiefung drücken. Darin die Hefe zerbröckeln und mit der Hälfte des Wassers und etwas Mehl zu einem Vorteig anrühren. Zugedeckt an einem warmen, zugfreien Ort gehen lassen. Danach das restliche Wasser, die Dickmilch und das Salz zugeben und mit den Knethaken des elektrischen Handrührgerätes alles zusammenkneten, anschließend den Teig mit den Händen noch kräftig durchkneten. Zudecken und zur doppelten Menge aufgehen lassen. Danach nochmals kurz durchkneten und 2 Laibe formen. Diese auf dem gebutterten Blech etwa 20 Minuten gehen lassen. Die Oberfläche mit leichtem Salzwasser einpinseln und im vorgeheizten Backofen bei 180 °C etwa 50 Minuten backen.

Wecken
Foto

Ca. 15 Stück, je nach Größe
Teig: Zutaten und Zubereitung wie bei Landbrot.

Milch zum Bestreichen, Mohn, Sesam oder Kümmel zum Bestreuen.

Den durchgekneteten und gegangenen Teig gut 1 cm dick auswellen. Mit einem Glas runde Stücke ausstechen und auf dem gebutterten Blech 30 Minuten gehen lassen. Dann mit Milch bestreichen, Mohn, Sesam oder Kümmel darüberstreuen – oder nur mit Mehl bestäuben – und im vorgeheizten Backofen bei 220 °C etwa 20–25 Minuten backen.

Hinweis

Diese Wecken können auch mit Vollkorn-, Roggen- oder halb Roggen- und halb Weizenmehl gebacken werden.

Laugenbrezeln, Laugenhörnle
Foto

1250 g Mehl, 50 g Hefe,
knapp ¾ l lauwarmes Wasser,
30 g Salz, 50 g Zucker, 125 g Butter.

Lauge: 1½ l Wasser,
50 g Natriumhydroxid (in Plättchen, Apotheke oder Drogerie, siehe auch rechtsstehenden Hinweis!).

Das Mehl in eine Schüssel sieben und in die Mitte eine Vertiefung drücken. Die Hefe hineinbröckeln und mit

¼ l Wasser und etwas Mehl einen Vorteig anrühren. Zugedeckt an einem warmen, zugfreien Ort gehen lassen. Anschließend Salz, Zucker, Butter und das restliche Wasser zugeben und mit den Knethaken des elektrischen Handrührgerätes alles zusammenkneten. Dann den Teig noch mit den Händen kräftig durchkneten. Zudecken und zur doppelten Menge aufgehen lassen. Von dem gut gegangenen Teig Stücke abschneiden, zunächst zu dünnen Rollen und dann zu Brezeln oder Hörnle formen. Auf das gebutterte Blech legen und 20 Minuten gehen lassen. Vorsichtig mit der angerührten Lauge einpinseln. Im vorgeheizten Backofen bei 230 °C etwa 15 Minuten, je nach Größe, backen.

Hinweis
Die ausgeformten Brezeln und Hörnle können auch eingefroren werden und bei Bedarf in gefrorenem Zustand in die Lauge getaucht und dann gebakken werden. Allerdings verlängert sich die Backzeit dann um ein paar Minuten.

Hinweis für die Lauge
Sie können Ihren Bäcker fragen, ob er Ihnen schon fertige Lauge abgibt. Wenn nicht, sollten Sie sich bei der Zubereitung der Lauge aus Wasser und Natriumhydroxid genauestens an die Anweisungen des Apothekers oder Drogisten halten. Da diese Lauge sehr ätzend und, genau genommen, giftig ist, müssen Sie bei der Arbeit damit sehr vorsichtig sein (evtl. Gummihandschuhe anziehen) und vor allem Kinder fernhalten!! Die fertige, nicht gebrauchte Lauge kann in Schraubgläsern für längere Zeit aufbewahrt werden. Sie sollten sie gut sichtbar kennzeichnen!

Seela

Foto Seite 109

*1 Grundrezept Hefeteig (Seite 112),
jedoch statt Zucker 1 TL Salz und
Wasser statt Milch, zerlassene Butter,
Salz, Kümmel, Fett für das Blech.*

Den gegangenen Teig zu etwa 20 cm
langen und 2 cm breiten Stangen ausformen. Kurz gehen lassen, die Oberfläche darf nicht aufreißen! Mit der
zerlassenen Butter bestreichen und
mit Salz und Kümmel bestreuen. Auf
ein gut eingefettetes Backblech legen
und im vorgeheizten Ofen bei 220 °C
etwa 20 Minuten backen.

Hinweis

Warme Seela werden gern zum Vesper gegessen. Ein entsprechendes
Rezept finden Sie auf Seite 82.

Käswähe

*Teig: 250 g Mehl, 125 g Butter,
3 EL kaltes Wasser, Fett für die Form.*

*Füllung: 200 g Schinken oder
Fleischreste, 3 Eier,
120 g geriebener Emmentaler,
2 Becher süße Sahne, 5 EL Milch, Salz,
Pfeffer, geriebene Muskatnuß.*

Aus Mehl, Butter und Wasser rasch einen Teig zusammenkneten. Etwa
15 Minuten im Kühlschrank ruhen lassen. Dann dünn auswellen und in eine
eingefettete Springform legen, dabei
die Ränder hochziehen.
In Streifen geschnittenen Schinken
oder Fleischreste auf den Teig streuen.

Eier, Käse, Sahne und Milch gut verquirlen, mit den Gewürzen abschmecken und in die Form gießen.
Im vorgeheizten Backofen 10 Minuten
bei 250 °C backen. Danach die Hitze
auf 225 °C herunterschalten und wei-
terbacken, bis die Käswähe eine goldgelbe Kruste hat. Warm mit grünem
Salat servieren.

Zwiebelkuacha

*1 Grundrezept Hefeteig (Seite 112),
jedoch ohne Zucker, dafür 1 TL Salz
und Wasser statt Milch,
Fett für das Blech.*

*Belag: 1,5 kg Zwiebeln,
100 g Bauchspeck, 2 EL Öl,
100 g Mehl, 3 Eier, 2 Becher (je 150 g)
saure Sahne, 1 TL Kümmel, ½ TL Salz.*

Den Hefeteig zubereiten und gehen
lassen. Inzwischen die Zwiebeln schälen und in Ringe schneiden, den
Speck würfeln. Im heißen Öl beides
zusammen glasig dünsten. Den Topf
vom Herd nehmen, das Mehl darüberstäuben, die Eier zugeben und alles gut verrühren. Dann die saure Sahne untermischen und zuletzt Kümmel
und Salz. Den Hefeteig auf einem gut
eingefetteten Backblech auswellen
und den Rand etwas hochdrücken.
Die Zwiebelmasse darauf verteilen
und im vorgeheizten Ofen bei
200–220 °C 60 Minuten backen. Der
Kuchenrand darf ruhig anbräunen
und knusprig sein. Am besten
schmeckt Zwiebelkuchen warm mit
jungem Wein (Suser, Federweißer).

Dinnete, Zelta
Eine Art schwäbische Pizza

Sie wurde schon im 15./16. Jahrhundert den schwer arbeitenden Knechten und Tagelöhnern zum Essen gegeben.

250 g Mehl,
½ Würfel Hefe,
⅛ l lauwarmes Wasser, Salz,
Fett für das Blech.

Belag: 40 g Butter, ½ Becher (75 g)
saure Sahne,
1 EL Mehl, nach Geschmack
(oder was vorhanden ist)
Zwiebelscheiben,
Zwiebelröhrle,
Kümmel,
Speckwürfel,
Gemüse,
Holunderblüten oder nur
verquirlte Eier.

Das Mehl, die in dem Wasser aufgelöste Hefe und das Salz in der Küchenmaschine mit Knethaken zu einem glatten Teig arbeiten. Den Hefeteig gut gehen lassen. Danach in 2 Stücke teilen und jedes rund auswellen. Mit der Hand noch von innen nach außen ziehen, so daß die Mitte etwas dünner ist. Die Teigkreise auf das eingefettete Backblech legen.
Aus Butter, saurer Sahne und dem Mehl ein Teigle bereiten und auf den Teig streichen. Nach Geschmack mit den genannten Zutaten belegen. Bei 225 °C im vorgeheizten Backofen etwa 10–15 Minuten backen. Heiß essen.

Kuacha

Einfacher Guglhupf, gerührt

250 g Butter oder Margarine,
200 g Zucker, 4 Eier, 1 Fläschchen
Vanillearoma oder abgeriebene
Schale von 1 unbehandelten Zitrone,
500 g Mehl, 1 Päckchen Backpulver,
gut ⅛ l Milch, 1 EL Öl und
Semmelbrösel für die Form.

Die Butter schaumig rühren, Zucker gut darunterrühren, dann die Eier und das Vanillearoma oder die Zitronenschale. Das Ganze so lange schlagen, bis eine cremige Masse entstanden ist. Backpulver und Mehl mischen und zugeben, ebenso die Milch zugießen und alles zu einem glatten Teig verrühren. Eine Guglhupfform mit dem Öl einpinseln und mit Semmelbröseln ausstreuen. Den Teig einfüllen und im vorgeheizten Backofen bei 190 °C in 1 Stunde backen. Nach dem Backen eine Weile in der Form stehen lassen. Dann zum Auskühlen auf ein Kuchengitter stürzen. Den kalten Guglhupf mit einer Glasur überziehen oder nur mit Puderzucker überstäuben.

Variationen
Guglhupf mit Sultaninen: 200 g Sultaninen unter den Teig ziehen.
Guglhupf mit Nüssen und Schokolade: Statt 500 g nur 300 g Mehl nehmen. Mit dem Mehl (und Backpulver) 200 g gemahlene Haselnüsse und 100 g geriebene Schokolade oder Schokoflocken einrühren. Mit knapp ¼ l Milch glattrühren.

Marmorguglhupf (Foto): Die Hälfte des Teiges in die vorbereitete Guglhupfform füllen. Die andere Teighälfte mit 2 EL Kakao und 3 EL Milch gut verrühren. Auf den hellen Teig in die Form füllen und mit einer Gabel spiralförmig durch die beiden Teigschichten rühren.

Hefeteig
Grundrezept

500 g Mehl, 1 Würfel Hefe,
ca. ¼ l lauwarme Milch, 80 g Butter
oder Margarine, 50 g Zucker, 1 Ei,
1 Prise Salz, abgeriebene Schale von
½ unbehandelten Zitrone.

Das Mehl in eine Schüssel sieben. In die Mitte eine Vertiefung drücken und darin die Hefe mit der lauwarmen Milch und etwas Mehl zu einem glatten Vorteig anrühren. Die Schüssel mit einem sauberen Tuch abdecken und den Teig an einem warmen, zugfreien Ort gehen lassen. Anschließend die restlichen Zutaten zufügen und alles so lange kneten (mit der Hand oder Küchenmaschine), bis sich der Teig von der Schüssel löst. Wieder zudecken und zur doppelten Menge aufgehen lassen. Weitere Verwendung je nach Rezept.

Hefezopf   Foto

*1½ faches Grundrezept Hefeteig
(Seite 112),
200 g Sultaninen,
Fett für das Blech,
1 Eigelb zum Bestreichen,
gehobelte oder gehackte Mandeln
zum Bestreuen oder
Hagelzucker.*

Die Sultaninen nach dem Gehen des Vorteiges in den Hefeteig mit hineinkneten. Den aufgegangenen Teig in drei gleiche Stücke teilen und zu Rollen formen. Nebeneinanderlegen und von der Mitte aus zu beiden Enden hin flechten (so wird der Zopf weniger verzogen). Auf das eingefettete Backblech legen und nochmals 15 Minuten gehen lassen. Dann mit Eigelb bestreichen und die Mandeln oder den Hagelzucker darüberstreuen. Im vorgeheizten Backofen bei 200 °C in etwa 45 Minuten backen.

Einfacher Hefeguglhupf

*1 Grundrezept Hefeteig (Seite 112),
Konfitüre nach Belieben zum Füllen,
Öl und Semmelbrösel für die Form,
Eigelb oder Dosenmilch zum
Bestreichen.*

Den aufgegangenen Hefeteig auf einem leicht bemehlten Backbrett zu einem Rechteck auswellen. Mit der glattgerührten Konfitüre bestreichen und von der schmalen Seite her zusammenrollen. Eine Guglhupfform mit Öl auspinseln und mit Semmelbröseln ausstreuen. Die Teigrolle hineinlegen und an den Enden zusammendrücken. Nochmals 15 Minuten gehen lassen. Dann mit Eigelb oder Dosenmilch bestreichen und im vorgeheizten Backofen bei 200 °C in etwa 50 Minuten backen.

Variationen

Statt des Bestreichens mit Konfitüre kann der Guglhupf auch wie folgt gefüllt werden:
Hefeguglhupf mit Nußfüllung:
250 g gemahlene Haselnüsse, 100 g Zucker, 2 Päckchen Vanillinzucker, 8 EL süße Sahne oder Dosenmilch und 2 EL Rum gut vermischen. Den ausgewellten Hefeteig mit der Nußmasse bestreichen und, wie oben beschrieben, in die Form geben und backen. Den fertigen, noch warmen Guglhupf mit einer Zuckerglasur überziehen. Dafür 100 g Puderzucker mit so viel Wasser oder Zitronensaft verrühren, daß eine dickflüssige Glasur entsteht. Oder nur mit Puderzucker überstäuben.

Hefeguglhupf mit Mohnfüllung:
200 g gemahlenen Mohn mit ⅜ l Milch
aufkochen, abkühlen lassen und mit
100 g Sultaninen, 3 EL Honig, 1 Päckchen Vanillinzucker und 2 EL Rum gut
verrühren. Den ausgewellten Hefeteig
mit der Mohnfüllung bestreichen. In
die Form geben und backen, wie
oben beschrieben. 100 g Puderzucker
und Wasser zu einer dickflüssigen
Glasur rühren und den noch warmen
Guglhupf damit überziehen.

Käskuacha

250 g Mehl,
125 g Butter,
50 g Zucker,
1 Ei, Fett für die Form.

Belag: 50 g Butter,
100 g Zucker,
4 Eier, getrennt,
Saft und abgeriebene Schale
von ½ unbehandelten Zitrone,
50 g Speisestärke,
1 kg Magerquark,
1 Becher (150 g) saure Sahne,
100 g Sultaninen.

Das Mehl in eine Schüssel sieben, die
Butter in Stücken darauf verteilen,
Zucker und Ei zugeben und alles
rasch zusammenkneten. Den Teig in
Folie wickeln und mindestens 15 Minuten im Kühlschrank ruhen lassen.
Inzwischen für den Belag Butter, Zuk-
ker und Eigelb schaumig rühren. Zitronensaft und -schale, Speisestärke,
Quark und saure Sahne daruntermischen und rühren, bis eine dicke cre-

mige Masse entstanden ist. Dann die
Sultaninen und die zu steifem Schnee
geschlagenen Eiweiß unterheben.
Den Teig rund auswellen, vorsichtig in
die eingefettete Springform (26 cm
Durchmesser) legen und am Rand gut
hochdrücken. Den Teigboden mit einer Gabel mehrmals einstechen, damit die Luft entweichen kann. Die
Quarkmasse einfüllen und glattstrei-
chen. Den Kuchen im vorgeheizten
Backofen bei 200 °C etwa 60 Minuten
backen. Nach Ende der Backzeit den
Ofen ausschalten und die Backofentür
öffnen. Den Kuchen noch 10 Minuten
im Ofen lassen, erst dann zum Abkühlen herausnehmen, sonst fällt der Kä-
sekuchen zusammen.

Versunkener Apfelkuacha

125 g Butter oder Margarine,
100 g Zucker,
3 Eier,
abgeriebene Schale von
½ unbehandelten Zitrone,
200 g Mehl,
knapp 1 TL Backpulver,
⅛ l Milch,
Fett für die Form,
5–6 mittelgroße Äpfel,
Zucker und Zimt zum Bestreuen,
Butterflöckchen.

Die Butter schaumig rühren, den Zuk-
ker gut darunterrühren, dann die Eier
und die Zitronenschale. So lange
schlagen, bis eine cremige Masse entstanden ist. Backpulver und Mehl vermischen und auf die Masse sieben.
Milch zugießen und alles zu einem

glatten Teig verrühren. Eine Springform von 26 cm Durchmesser einfetten und den Teig einfüllen. Die Äpfel
schälen, vierteln, Kernhaus ausschneiden und auf der runden Oberseite der
Apfelstücke quer 3–4 Einschnitte machen. Die Äpfel leicht in den Teig
drücken. Zucker und Zimt darüberstreuen und Butterflöckchen darauf
verteilen. Im vorgeheizten Backofen
bei 190 °C in etwa 45 Minuten backen.

Zwetschgakuacha

*1 Grundrezept Hefeteig (Seite 112),
Fett für das Blech.*

*<u>Belag</u>: 3 EL Semmelbrösel,
1,5 kg Zwetschgen,
50 g gehackte Mandeln,
Zucker und Zimt
nach Geschmack.*

Den gegangenen Hefeteig auf einem
gut eingefetteten Backblech auswellen. Den Rand etwas hochdrücken
und die Semmelbrösel auf dem Teig
verteilen. Die gewaschenen, halbierten und dabei entsteinten Zwetschgen dicht aneinandersetzen, die gehackten Mandeln darüberstreuen und
nach Geschmack noch Zucker und
Zimt. Im vorgeheizten Ofen bei
200 °C etwa 45 Minuten backen.

Hinweis
Bei diesem Kuchen können Butter und
Ei im Teig ganz, Zucker teilweise weg-
gelassen werden. Allerdings sollte er
dann bald gegessen werden, da der
Boden rasch austrocknet.

Treibleskuacha
Treible = Johannisbeeren

*250 g Mehl,
125 g Butter,
50 g Zucker,
1 Ei,
Fett für die Form.*

*<u>Belag</u>: 500 g Johannisbeeren,
6 Eiweiß,
200 g Zucker,
150 g gemahlene Mandeln
oder Haselnüsse.*

Das Mehl in eine Schüssel sieben, die
Butter in Stücken darauf verteilen,
Zucker und Ei zugeben und alles
rasch zusammenkneten. Den Teig in
Folie wickeln und mindestens 15 Minuten im Kühlschrank ruhen lassen.
Inzwischen die Johannisbeeren waschen, abzupfen und abtropfen lassen. Die Eiweiß sehr steif schlagen.
Zucker und Mandeln kurz mitschla-
gen und die Masse dann teilen. Eine
Hälfte mit den Johannisbeeren vermischen. Den Teig ausrollen und eine
gefettete Springform (26 cm Durchmesser) damit auslegen, die Ränder
hochdrücken und den Boden mehr-
fach mit einer Gabel einstechen. Die
Eischnee-Johannisbeer-Masse auf
dem Teig verteilen, die restliche Man-
delmasse darüberstreichen und im
vorgeheizten Backofen bei 200 °C etwa 60 Minuten backen.

Hinweis
Auf dieselbe Art können auch Stachel-
beer- und Kirschkuchen gebacken
werden.

Streuselkuacha

½ Grundrezept Hefeteig (Seite 112),
Fett für die Form,
1 Ei zum Bestreichen.

Streusel: 150 g Mehl,
150 g Butter, 150 g Zucker,
100 g gehackte oder
gehobelte Mandeln.

Den Hefeteig nach dem Kneten sofort auswellen, in eine gefettete Spring-form (26 cm Durchmesser) legen und so lange gehen lassen, bis die Streusel zubereitet sind.
Die Streuselzutaten in einer großen Schüssel mit einem Messer zusammenhacken, bis es Brösel gibt. Hefeteig mit dem verquirlten Ei bestreichen. Die Streusel aus der Schüssel direkt auf die Teigplatte kippen und gleichmäßig verteilen. Im vorgeheizten Backofen bei 200 °C etwa 30 Minuten backen.

Variationen

G'füllter Streuselkuacha: Nach dem Erkalten kann der Streuselkuchen durchgeschnitten und mit steifgeschlagener Sahne oder Vanillecreme gefüllt werden.

Fruchtiger Streuselkuacha: Hefeteig und Streusel vorbereiten wie oben. Den Teig in der Form etwa 10 Minuten gehen lassen, dann mit entsteinten und halbierten Aprikosen, Zwetschgen oder Kirschen (nur entsteint) belegen. Die Streusel darüber verteilen und im vorgeheizten Backofen etwa 40 Minuten backen.

Kloine Stückla

Schneckanudla

1 Grundrezept Hefeteig (Seite 112),
50 g zerlassene Butter,
100–150 g Sultaninen, Fett für das
Blech, 125 g Puderzucker, Wasser.

Den gegangenen Teig auf einem leicht bemehlten Backbrett ½ cm dick zu einem Rechteck auswellen. Mit der zerlassenen Butter bestreichen, die Sultaninen darauf verteilen und dann von der schmalen Seite aus zusammenrollen. Mit einem scharfen Messer 2 cm breite Scheiben abschneiden. Mit der Schnittfläche auf das gut eingefettete Backblech legen und nochmals 15 Minuten gehen lassen. Im vorgeheizten Ofen bei 210 °C in etwa 20 Minuten hellbraun backen. Aus Puderzucker und wenig Wasser eine dickflüssige Glasur rühren. Die Oberfläche des noch heißen Gebäcks damit bestreichen.

Kirschanudla   Foto

1 Grundrezept Hefeteig (Seite 112),
50 g zerlassene Butter, 1 kg entsteinte
Kirschen, Zucker nach Geschmack,
50 g Butter für die Auflaufform,
Milch zum Bestreichen.

Den gegangenen Teig in 10 Stücke aufteilen und zu dünnen Rechtecken auswellen. Mit der zerlassenen Butter bestreichen. Die abgetropften Kir-

schen jeweils auf die Teigmitte verteilen und nach Geschmack mit Zucker bestreuen. Den Teig von allen Seiten her über den Kirschen zusammenschlagen. Die Butter in einer Auflaufform heiß werden lassen und die Kirschanudla so hineinlegen, daß die glatte Teigseite oben ist. Kurz gehen lassen, mit Milch bestreichen und

dann im vorgeheizten Ofen bei 210 °C in 20–25 Minuten backen. Kirschanudla schmecken warm am besten (ohne Soße und ohne Sahne).

Variation
Anstelle der Kirschen können auch Zwetschgen oder Äpfel genommen werden.

Nußhörnla

1 Grundrezept Hefeteig (Seite 112),
150 g gemahlene Haselnüsse,
50 g Zucker,
5 EL Sahne oder Dosenmilch,
Fett für das Blech,
125 g Puderzucker, Wasser.

Den gegangenen Hefeteig in 2 Stücke teilen und jeweils rund auswellen. Wie bei einer Torte in gleiche Stücke schneiden. Haselnüsse, Zucker und Sahne zusammenrühren. Auf jedes der Teigdreiecke einen Kaffeelöffel dieser Füllung auf die breite Seite geben. Den Teig von der Breitseite her zusammenrollen, so daß die Spitze des Dreieckes obenauf liegt, gleichzeitig die Seiten etwas einbiegen. Die Hörnchen auf dem gut eingefetteten Backblech nochmals 15 Minuten gehen lassen. Im vorgeheizten Ofen bei 220 °C 15–20 Minuten backen. Puderzucker und Wasser zu einer dickflüssigen Glasur verrühren. Die noch heißen Nußhörnla mit der Zuckerglasur bestreichen.

Hinweis
Diese Nußfüllung kann auch für Schneckanudla genommen werden.

Variation
Pikant gefüllte Hörnla: Dafür den Zucker im Teig und die Zuckerglasur weglassen. Für die Füllung 150 g gewürfelten Bauchspeck oder Schinken, 1 Stange Lauch, in dünne Ringe geschnitten, Salz, Pfeffer und 2 EL Crème fraîche gut miteinander vermengen. Weitere Verarbeitung wie oben.

Weihnachtsbäckerei

Hutzelbrot   Foto
Singete, Birnenbrot

400 g Hutzeln (getrocknete Birnen),
400 g Dörrzwetschgen, 50 g Zucker,
400 g Feigen, 200 g Haselnüsse,
200 g Sultaninen, 100 g Zitronat,
100 g Orangeat, 1 kg Mehl, 60 g Hefe,
2 TL Zimt, 1 TL gemahlene Nelken,
1 TL gemahlener Anis,
2 EL Kirschwasser, 2 EL Rosenwasser,
Fett für das Blech.

Die Birnen 2–3 Stunden in gut ½ l kaltem Wasser einweichen. Anschließend mit den Dörrzwetschgen und dem Zucker im Einweichwasser in ca. 20 Minuten weich kochen. In der Zwischenzeit die anderen Zutaten vorbereiten: Die Feigen in dünne Streifen schneiden, die Haselnüsse grob hakken, die Sultaninen in warmem Wasser einweichen und aufquellen lassen, Zitronat und Orangeat würfeln. Die gekochten Birnen und Zwetschgen in ein Sieb schütten und die Brühe auffangen.
Das Mehl in eine große Schüssel sieben. In die Mitte eine Vertiefung drükken und die Hefe hineinbröckeln. Mit einem Teil der lauwarmen Brühe und etwas Mehl einen Vorteig anrühren und zugedeckt an einem warmen, zugfreien Ort gut gehen lassen. Inzwischen die Zwetschgen entsteinen und mit den Birnen grob zerkleinern. In einer Schüssel alle Früchte und Gewürze gut mischen. Dann zu dem Vorteig

geben und alles kräftig zusammenkneten. So lange kneten, bis der Teig
braun und glatt ist und sich von der
Schüssel löst. Wenn nötig, noch Mehl
zufügen. Der Teig sollte fest sein,
sonst zerläuft das Hutzelbrot beim
Backen zu sehr in die Breite. Den Teig
zudecken und 2 Stunden in der Wärme gehen lassen. Danach 5 gleichmä-
ßige Laibchen formen und auf einem
gefetteten Backblech nochmals 20 Minuten gehen lassen. Anschließend im
vorgeheizten Ofen bei 210 °C 50 Minuten backen. Sofort nach dem Bakken mit der restlichen Birnenbrühe
bestreichen. Das erkaltete Hutzelbrot
mit Frischhaltefolie umwickeln und
mindestens 2 Wochen bis zum An-
schneiden liegen lassen. Dann
schmeckt es am besten in Scheiben
geschnitten und dick mit Butter bestrichen.

Anisbrötla

*4 Eier, 250 g Zucker, 250 g Mehl,
2 TL Anis, abgeriebene Schale von
½ unbehandelten Zitrone.*

Eier und Zucker sehr gut schaumig
rühren. Mehl, Anis und Zitronenschale untermischen, dabei nicht mehr
rühren! Mit einem Kaffeelöffel kleine
Häufchen auf das mit Backpapier be-
legte Blech setzen und bei Zimmer-
temperatur mindestens 12 Stunden
trocknen lassen. Nur so bekommen
die Anisbrötla ihre »Füßchen«. Doch
kann es auch bei sorgfältigster Zubereitung geschehen, daß sie keine Füßchen bekommen. Dies beeinträchtigt
aber nicht den Geschmack. Im vorgeheizten Ofen bei 100 °C ca. 30 Minuten backen. Sie müssen hell bleiben.
Gibt etwa 80 Stück.

Weihnachtsbrötla (Rezepte Seite 119 ff.)

Ausstecherla, Schwobabrötla

*500 g Mehl, 250 g Butter,
200 g Zucker, 6 Eigelb, etwas
abgeriebene unbehandelte
Zitronenschale, Fett für das Blech,
2 Eigelb zum Bestreichen,
Hagelzucker, gehackte Mandeln oder
bunte Streusel zum Bestreuen.*

Das Mehl auf ein Backbrett sieben.
Die Butter in Stücken darauf verteilen.
Zucker, Eigelb und Zitronenschale dazugeben und alles schnell zusammenkneten. Den Teig zu einer Kugel formen, in Folie einwickeln und mindestens 30 Minuten im Kühlschrank ruhen lassen. Anschließend auf einem
leicht bemehlten Backbrett ½ cm dick
auswellen und beliebige Formen ausstechen. Auf das gefettete oder mit
Backpapier ausgelegte Backblech legen, mit Eigelb bestreichen und mit
Hagelzucker, gehackten Mandeln
oder bunten Streuseln bestreuen. Im
vorgeheizten Ofen bei 190 °C ca.
10 Minuten gacken. Gibt etwa
80 Stück.

Bäradatza
Bärentatzen, Schokoladenmuscheln

*6 Eiweiß, 500 g Zucker,
250 g gute Vollmilchschokolade,
1 TL Zimt, abgeriebene Schale von
½ unbehandelten Zitrone,
500 g gemahlene Mandeln,
Fett für das Blech.*

Eiweiß mit dem elektrischen Handrührgerät sehr steif schlagen. Zucker nach und nach und Zitronenschale zugeben und zu einer dickschaumigen Masse weiterschlagen. Geriebene Schokolade und den Zimt untermischen, zuletzt die Mandeln. Gut haselnußgroße Kugeln formen und in Zucker wälzen. Muschelförmchen mit wenig Zucker ausstreuen und die Kugel hineindrücken. Vorsichtig auf die Hand kippen und auf das gefettete oder mit Backpapier ausgelegte Backblech legen. Etwa 1 Stunde abtrocknen lassen, dann im vorgeheizten Ofen bei 180 °C 12–15 Minuten backen. Gibt etwa 90 Stück.

Haselnußhäufela
Nußmakronen

6 Eiweiß, 500 g Zucker,
1 Päckchen Vanillinzucker,
500 g gemahlene Haselnüsse,
Oblaten 50 mm Ø,
ganze Haselnüsse zum Garnieren.

Eiweiß mit dem elektrischen Handrührgerät sehr steif schlagen. Zucker nach und nach und Vanillinzucker zugeben und zu einer dickschaumigen Masse weiterschlagen. Die Haselnüsse vorsichtig untermischen. Oblaten auf das Blech legen und mit einem Kaffeelöffel Makronen daraufsetzen. In die Mitte jeweils eine ganze Haselnuß drücken. Die Makronen etwa 30 Minuten abtrocknen lassen, dann im vorgeheizten Ofen bei 190 °C 12 Minuten backen. Gibt etwa 100 Stück.

Kokoshäufela
Kokosmakronen

4 Eiweiß, 400 g Zucker,
Saft und abgeriebene Schale von
1 unbehandelten Zitrone,
400 g Kokosflocken,
Oblaten 50 mm Ø.

Eiweiß mit dem elektrischen Handrührgerät sehr steif schlagen. Zucker nach und nach, Zitronensaft und -schale zugeben und zu einer dickschaumigen Masse weiterschlagen. Die Kokosflocken daruntermischen. Oblaten auf das Backblech legen und mit einem Kaffeelöffel Makronen daraufsetzen. Im vorgeheizten Ofen bei 175 °C in 12 Minuten leicht gelblich backen. Gibt etwa 90 Stück.

Hägemakrönla

4 Eiweiß, 300 g Zucker,
2 EL Hägenmark
(Hagebuttenmark),
300 g gemahlene Mandeln,
Oblaten 50 mm Ø.

Eiweiß mit dem elektrischen Handrührgerät sehr steif schlagen. Zucker nach und nach zugeben und zu einer dickschaumigen Masse weiterschlagen. Das Hägenmark vorsichtig darunterrühren, dann die Mandeln untermischen. Oblaten auf das Backblech legen und mit einem Kaffeelöffel Makronen daraufsetzen. Etwa 30 Minuten trocknen lassen, dann im vorgeheizten Ofen bei 190 °C 12 Minuten backen. Gibt etwa 70 Stück.

Spitzbuaba

300 g Mehl, 200 g Butter,
150 g Zucker,
1 Päckchen Vanillinzucker,
beliebige Konfitüre zum Bestreichen,
Puderzucker.

Das gesiebte Mehl, Butter in Stücken, Zucker und Vanillinzucker rasch zusammenkneten. Den Teig auf einem leicht bemehlten Backbrett dünn auswellen und runde Plätzchen ausstechen. Bei der Hälfte der Plätzchen mit einer kleineren, runden Form die Mitte herausstechen. Alle Plätzchen auf ein gefettetes oder mit Backpapier ausgelegtes Blech legen und im vorgeheizten Ofen bei 200 °C 8–10 Minuten backen. Danach sofort die ganzen Plätzchen auf der Unterseite mit Konfitüre bestreichen und die Plätzchen mit ausgestochener Mitte mit der Unterseite leicht daraufdrücken. Nach dem Erkalten mit Puderzucker bestäuben. Gibt etwa 50–60 Stück.

Strohhüetla

375 g Mehl, 250 g Butter,
125 g Zucker,
125 g gemahlene Haselnüsse,
1 Päckchen Vanillinzucker,
Fett für das Blech,
1 Eiweiß, Puderzucker,
ganze Haselnüsse zum Garnieren.

Das Mehl auf ein Backbrett sieben. Die Butter in Stücken, Haselnüsse und Vanillinzucker daraufgeben und rasch zusammenkneten. Den Teig zu einer

Kugel formen, in Folie einwickeln und mindestens 30 Minuten im Kühlschrank ruhen lassen. Danach auf einem leicht bemehlten Backbrett ½ cm dick auswellen. Runde Plätzchen ausstechen und auf das gefettete oder mit Backpapier ausgelegte Backblech legen. Das Eiweiß mit so viel Puderzucker verrühren, daß eine dickflüssige Glasur entsteht. Nicht schlagen, sonst bröckelt die Glasur! Die Plätzchen damit bestreichen und in die Mitte eine ganze Haselnuß setzen. Im vorgeheizten Ofen bei 190 °C 12–15 Minuten backen. Die Glasur darf leicht hellbraun sein. Gibt etwa 60–70 Stück.

Vanillebrötla

6 Eier, 500 g Zucker, 500 g Mehl,
2 Päckchen Vanillinzucker.

Eier und Zucker mit dem elektrischen Handrührgerät sehr gut schaumig schlagen. Mehl und Vanillinzucker daruntermischen. Mit einem Kaffeelöffel kleine Häufchen auf ein mit Backpapier belegtes Blech setzen. Mindestens 8 Stunden trocknen lassen, dadurch bleiben die Brötla hell und glatt beim Backen. Im vorgeheizten Ofen bei 160 °C 30–35 Minuten backen. Gibt etwa 70 Stück.

Springerla

3 große Eier, 400 g Zucker,
400 g Mehl, 1 Messerspitze
Hirschhornsalz, Anis zum Bestreuen.

Eier und Zucker mit dem elektrischen Handrührgerät sehr gut schaumig schlagen. Mehl und Hirschhornsalz daruntermischen und den Teig mit bemehlten Händen gut durchkneten. Zudecken und 1 Stunde kühl stellen. Danach kleine Stücke abschneiden. Auf der Schnittfläche 1 cm dick auswellen und in die bemehlten Springerlesmodel drücken. Model umdrehen, den Teig vorsichtig herauslösen und die Kanten mit einem scharfen Messer abschneiden. Auf einem leicht bemehlten Backbrett 24 Stunden abtrocknen lassen, Raumtemperatur etwa 15 °C. Ein Backblech mit Backpapier auslegen und mit Anis bestreuen. Die Springerla auf der Unterseite mit kaltem Wasser bestreichen und auf das vorbereitete Blech legen. Im vorgeheizten Ofen bei 160 °C 20–30 Minuten (je nach Größe) backen. Gibt etwa 40 Stück.

Zedernbrötla

1 Eiweiß, 250 g Zucker, abgeriebene Schale von ½ unbehandelten Zitrone, Saft von 2 Zitronen,
250 g gemahlene Mandeln,
Puderzucker.

Das Eiweiß mit dem elektrischen Handrührgerät sehr steif schlagen. Zucker, Zitronenschale und -saft von 1 Zitrone mitrühren, bis eine dickschaumige Masse entstanden ist. Die Mandeln untermischen und den Teig mit der Hand leicht zusammenkneten. Etwas Mehl mit Zucker vermischen und den Teig vorsichtig darauf aus-

wellen. Halbmonde ausstechen und auf das mit Backpapier ausgelegte Backblech legen. Gut 15 Minuten abtrocknen lassen, anschließend im vorgeheizten Ofen bei 175 °C 12 Minuten backen. Den restlichen Zitronensaft mit so viel Puderzucker verrühren, daß eine dickflüssige Glasur entsteht. Die Halbmonde nach dem Erkalten damit bestreichen und trocknen lassen. Gibt etwa 75 Stück bei kleinen Mondförmchen.

Zimtsterne

7 Eiweiß, 500 g Zucker,
500 g gemahlene Mandeln,
20 g Zimt, abgeriebene Schale von ½ unbehandelten Zitrone,
Puderzucker.

5 Eiweiß mit dem elektrischen Handrührgerät sehr steif schlagen. Zucker nach und nach zugeben und zu einer dickschaumigen Masse weiterschlagen. Mandeln, Zimt und Zitronenschale daruntermischen und den Teig mit der Hand leicht zusammenkneten. Sollte der Teig noch weich und klebrig sein, kann man etwas Semmelbrösel einkneten. Den Teig vorsichtig auf Zucker auswellen, Sterne ausstechen und auf ein mit Backpapier ausgelegtes Backblech legen. Gut 1 Stunde trocknen lassen. Die beiden verbliebenen Eiweiß mit so viel Puderzucker verrühren, daß eine dickflüssige Glasur entsteht. Die abgetrockneten Sterne damit bestreichen und im vorgeheizten Ofen bei 180 °C 15 Minuten backen. Gibt etwa 80 Stück.

Rainer Christlein, Die Alamannen (Archäologie eines lebendigen Volkes). Konrad Theiss Verlag, 1978, Stuttgart/Aalen.

Abraham a Sancta Clara, Etwas für Alle. Aus der Erzählung »Der Koch«. Goldmann Verlag, 1960, München.

Dr. Wilhelm Goetz, Speise und Trank vergangener Zeiten in deutschen Landen. Schweighauserische Verlagsbuchhandlung, 1882, Basel.

Peter Lahnstein, Schwäbisches Leben in alter Zeit. Ein Kapitel deutscher Kulturgeschichte. List-Verlag, 1983, München.

Thaddäus Troll, Deutschland, deine Schwaben. Hofmann und Campe Verlag, 1967/1978, Hamburg.

Hyazinth Wäckerle, Hei, grüeß di Gott Ländle! Anton H. Konrad Verlag, 1975, Weißenhorn.

Karl Weller-Arnold Weller, Württembergische Geschichte im Südwestdeutschen Raum. Konrad Theiss Verlag, 1972, Stuttgart/Aalen.

Wilhelm Wörle, D'Welt ischt voller Melodeia. Anton H. Konrad Verlag, 1979, Weißenhorn.

Feuerstelle im Uttenhof (Bauernhofmuseum Illerbeuren)

Register

Register

Schwäbische Spezialitäten

Für Leib & Seele

Einfach schwäbisch genießen

Auf unterhaltsame Art und Weise erklärt die Autorin die Hintergründe kulinarischer Traditionen im Land und beleuchtet manch unbekannte Seite bekannter schwäbischer »Nationalgerichte«. Mit Rezepten zum selber Nachkochen.

Von Irene Krauß. 160 Seiten mit 120 farbigen Abbildungen.

Schwäbische Spätzlesküche

58 alte und neue Rezepte

Schwaben und Nichtschwaben erfahren hier auf unterhaltsame und humorvolle Art vorgetragen viel Wissenswertes über die schwäbische Nudel. Mit reizvollen Ausflügen in die Kulturgeschichte schwäbischen Essens – liebevoll gestaltet und originell illustriert.

Von Siegfried Ruoß. 144 Seiten mit zahlreichen Illustrationen.

THEISS